KB230852

기독교 유토피아의 가능성

유토피아와 반유토피아를 중심으로

기독교 유토피아의 가능성

유토피아와 반유토피아를 중심으로

정광일 지음

한국학술정보㈜

머리글

이제는 누가 들어도 낯설지 않은 말이 되었지만 아직도 <유토피아>는 사용하는 사람에 따라 큰 차이가 난다. 개념 자체를 부정하는 사람이 있는가 하면 매우 긍정적인 입장을 취하는 사람도 있다. 그런데 이 말을 싫어하는 사람도 기술 유토피아를 뜻하는 테크노피아나 생태 유토피아를 뜻하는 에코토피아란 말에 대해서는 별 거부감을 가지지 않는다. 한편으로는 이상주의나 공상가를 나무라는 듯 지적하는데 사용되기도 하며, 다른 한편으로는 풍요로운 현실적 삶을 반영하는 이 양의성(兩儀性)이 유토피아가 지닌 매력이기도 하다. 그도 그럴 것이 어원적으로 유토피아는 <없는 곳(no place)>이며 또한 <좋은 곳(good place)>이기 때문이다.

쓰는 이에 따라 얼마든지 다르게 표현되는 이 말이 본래 기독교 유산이라는 사실을 인식하고 있는 사람은 그리 많지 않은 것 같다. 이 글은 유토피아의 본래적 또는 기독교적 의미를 전제로 하였으며 동시에 오늘의 기독교가 이런 유토피아적 사명을 다하고 있는지를 반성하는 마음으로 쓰어 졌다. 성경의 큰 주제이며 기독교의 핵심 사상이 있다면 그것은 예수 그리스도의 첫 선포인 "하나님의 나라가 가까 왔다"는 메시지가 될 것이다. <하나님

의 나라>라는 유토피아의 이상성 그리고 이 나라가 <가까 왔다>는 현실성, 교회는 이 양자성 사이에 존재한다.

　어린 시절부터 지금까지 교회를 떠나 본 적이 없다고 느끼는 교회인(敎會人)의 한 사람으로서 그동안 교회와 동거(同居)-동락(同樂)-동애(同哀)해 온 자신의 모든 기억들을 이 유토피아란 말 안에 담게 되었다. 교회는 나사렛 예수가 전파한 하나님의 나라 곧 기독교적 유토피아를 드러내는 공동체여야 할 것이다. 그럼에도 불구하고 현실 교회는 그분의 뜻과는 거리가 멀고 기존 사회의 대안도 되지 못한다. 그래서 실망스럽고 안타깝고 떠나버리고 싶은 곳이 되기도 한다. 거짓 지도자들의 입놀림, 손놀림과 그 박자에 맞춰 놀아나는 회중이 함께 펼치는 거짓된 굿판을 걷어치우라는 예언자적 외침은 바로 유토피아적 열정에서 나온다. 구약 시대 이래 종교개혁 시대를 거쳐 우리의 개신교에 이르기까지, 이른바 개혁이라는 이름으로 시도되어왔던 기독교의 예언자적 사명 또한 이 유토피아적 의식에서 비롯된다. 솔직하게 유토피아는 교회의 좌파적 사명이라고 해도 될 것 같다.

　얼마나 됐을까, 그동안 대전신학 강의실에서 만난 후학들과 "교생 사생"이라는 작은 모임을 함께 하고 있다. 교회를 살리고 사회를 살려보고자... 내가 몸담고 있는 <가락재 영성원>이 그런 꿈에 조금이나마 이바지하는 곳이 되기를 바라기도 한다. 뜻있는 이들의 길이 되고프다. 누구든 한번 만나 하고픈 이야기를 나누고자 장락산 기슭에 터를 닦아 몇 채 집을 짓고 빈방을 마련해 놓았다. 가끔씩 비움이 즐거움으로 채워지는 기쁨을 맛본다. 프랑스에서부터 줄곧 신학의 반려자로 함께한 〈한국 기독교 연구원〉 도반(道伴)들의 심포지움은 10회에 걸쳐 이어지고 있다. 명색이 영성원이라고 영성수련 모임도 여러 차례 시도해 보았다. 이 곳을 찾아와 마음과 뜻을 함께 나눈 이들을 떠 올리며 고마움을 전하고 싶다. 17년이란 세월이 그들과 더불어 지나갔다!

가락재에서   정광일

차 례

제1장 문제 제기

　유토피아는 그 태동부터 기독교라는 토양에 뿌리를 내리며 자라왔다. 처음으로 이 말을 쓰기 시작한 토마스 모어(T. More) 역시 자신의 기독교적 이상(理想)을 그 책에서 펼쳤다고 할 수 있다.[1] 모어의 책 「유토피아」는 크게 2부로 나뉘어 있는데, 1부는 당시 영국의 부패한 현실을 날카롭게 비판하며, 2부는 이에 대한 해결책을 제시한다. 로마의 교황과 영국 왕 헨리 8세의 반목 때문에 참수되었던 그는 당시 중세 기독교를 옹호한 사람은 결코 아니었다. 오히려 편협한 기독교 교리 문제를 종교적 관용과 신앙의 자유라는 표현으로 대체시키고자 하였다.[2] 그의 관심은 기존 봉건사회의 모순과 비합리성이었으며 이러한 사회를 정당화하는 교회라는 질서였다. 그가 살았던 16세기의 영국은 르네상스와 종교 개혁의 물결이 휩쓸고 있었으며 기존의 봉건체제는 더 이상 그 영향력을 가지기 어려웠다. 모어는 기독교적 이상이라는, 한편으로는 없으면서(oὔ:no) 다른 한편으로는 분명히 있는(aὔ:good) 이 양면성

---

1) 「유토피아」에 대한 해석은 몇 가지로 나뉜다. 하나는 K. Kautsky (*Thomas More and His Utopia*, tr. H. J. Stenning, (New York, 1959)가 말하는 마르크스주의적 해석과 다른 하나는 R. W. Chambers (Thomas More, Michigan, 1973)가 말하는 기독교적 해석이다. 전자는 모어를 근대 사회주의의 선구자로 후자는 모어를 경건한 기독교인으로 그린다.

2) T. More, 「유토피아」, 황문수 역, (서울: 범우사, 1972), 172- 173쪽.

12

의 문제를 u-topia라는 조합어를 통해 해결해 보려고 한 것이었다.

이 양면성은 그의 책 중에서 가장 중요한 내용이라 할 수 있는 공유제(共有制)를 통해서도 잘 나타난다. 모어(T. More)는 이 공유제를 설명하면서 이것은 "예수가 그의 제자들에게 명령한 것으로서 그 당시에도 일부 진실한 기독교 공동체에서 실천되고 있었던 것임을" 강조한다.[3] 그는 기독교적 최고의 덕목이 자유·평등·사랑임을 말하면서 이런 가치가 실현되는 현장으로서의 기독교 공동체를 나타내려는 것이었다. 즉 신약성경 사도행전 2장과 4장의 기록 "믿는 사람들이 다 함께 지내고 모든 물건을 공동으로 소유하고, 재산과 물건을 팔아서 모든 사람에게 필요한 대로 나누어주었다"는 사실에서 찾아볼 수 있는 원시 기독교의 공유제도[4]는 이후 유토피아 논쟁의 근간이 될 정도로 중요한 사안이었다. "특히 17세기 이전의 고전적 유토피아는 이러한 공유제를 전제로 한 소규모의 공동체를 이상적 모델로 하고 있다."[5]

---

3) 같은 책, 170쪽.

4) 공동체를 유토피아적 관점에서 다룬 책은 박호강, 「유토피아 사상과 사회변동」, (대구대학출판부, 1998), 45-61, 87-110쪽에 잘 나타나 있다. 그는 이 책 48에서 공동체의 가치와 유토피아의 가치를 동일선상에 두고 말하면서 "유토피아는 개인의 행복과 사회의 최대의 선을 이루는 안식처를 확보하기 위해 필연적으로 공동체의 이상과 가치를 추구하지 않을 수 없다"고 한다. 다시 말해서 "우애와 협동, 인지, 권위, 전인성, 성원의식 등 대부분의 공동체 가치는 유토피아의 가치로 거론되는 우애, 평등, 풍요, 평화, 덕과 질서 등과 함께 유토피아의 이상으로 실현될 수 있다"는 것이다. 실제로 유토피아 전통에서 설정한 이상적 사회는 이상적 공동체와 동일시되며 그 이상은 원천적으로 공동체 가치를 표방하고 있기 때문이다.

이러한 공유제를 근간으로 하는 이상적 공동체의 실현의지는 기독교에서 말하는 하나님의 나라(神國思想)6)에 기인한 것인데, 이 사상은 예수가 이스라엘 땅에서 가르친 내용이며 가리킨 방향 제시였으며, 그의 가르침을 믿은 제자들이 그대로 실천에 옮기며 시도한 것이 바로 원시 기독교 공동체였다. 따라서 하나님의 나라라는 주제는 기독교를 일으킨 동인(動因)이며 이후 기독교의 지향점이 되어 왔다. 이 하나님의 나라를 어떻게 이해하고 받아들이냐에 따라 기독교 신앙에 대한 자신의 입장과 색깔이 드러난다. 기독교가 내세 지향적 종교냐 아니면 현세 지향적 종교냐, 교회의 현실 참여는 어떻게 정당화될 수 있는가, 그리스도인의 윤리적 책임의 한계 그리고 하나님의 나라 시민이면서 동시에 한 국가의 시민인 이중성(二重性) 등의 문제는 모두 이 하나님 나라의 해석과 맞물려 있다 하겠다.7) 보이지 않는 하나님의 나라를 구체적인 공동체로서 실현하려는 의지는 다름 아닌 유토피아 의지인 것이다. 다시 말해서 하나님 나라 또는 신국사상의 일반적이고 세속적 표현이 바로 유토피아이다.

칼 만하임이 말한 대로 유토피아가 스스로를 에워싸고 있는

---

5) 박호강, 「유토피아 사상과 사회변동」, (대구대학출판부, 1998), 49쪽.

6) 예수의 가르침과 신·구약성경을 "하나님의 나라"라는 주제로 압축하여 저술한 구약 신학자 존 브라이트(J. Bright)는 *The Kingdom of God*, 「하나님의 나라」, (컨콜디아, 1978)이라는 책에서 이를 보여 주려 했다.

7) 한국 기독교를 포함하여 세계 기독교 교단 사이에 있어 왔던 보수와 진보의 갈등구도를 말한다.

14

존재와 일치하지 않은 상태의 의식이며 존재 초월적 의식[8]이라고 한다면 이 의식은 곧 기독교 신관(神觀)으로서의 신의식(神意識)과도 일맥상통한 것이라 할 수 있다. 왜냐하면 기독교는 구약성서, 신약성서를 통해서 신을 초월자로 부르며 자연이나 역사 속으로 해소되지 않는 존재에 대한 의식을 키워 왔기 때문이다. 초월의식으로서의 성(聖), 초월의식으로서의 유토피아, 곧 유토피아로서의 하나님이 그것이다.[9]

이렇게 기독교와 유토피아, 유토피아와 기독교는 불가분의 관계를 지니며 진행되어 왔다. 따라서 기독교 유토피아 또는 기독교적 유토피아를 말한다는 것은 어렵지 않은 일이다. 적어도 16-17세기까지는 그랬다. 그러나 21세기를 여는 지금 유토피아란 말은 그렇게 이상적 초월의식으로 그냥 그 높은 곳에 머물러 있게 되어 있지 않다. 인류는 현대를 거치면서 수없는 유토피아적 실천을 해 왔으며 그 실천을 통해 그의 현실적 문제를 노출해 왔다. 이제 유토피아는 더 이상 현실에 대한 비판적 대안으로 그저 무책임하게 말해 버리면 되는 그런 말이 아니다. 유토피아는 또 다른 현실이 되어 버린 것이다. 유토피아는 단순한 초월의식이나 현실 대안으로 안주할 수 없다. 유토피아가 현실을 비판하며 해결책을 제시해 오면서 스스로를 키워 왔다면 역으로 이제

---

8) K. Mannheim, *Ideology and Utopia*, (London: Routledge & Kegan Paul LTD, 1936), 173쪽.

9) 프랑스의 신학자인 G. Vahanian은 *Dieu et L'Utopie*, (Paris: Les Editions du Cerf)에서 하나님을 "유토피아적 존재"로 일컫는다.

그 유토피아가 또 다른 비판의 대상이 되었기 때문이다. 반(反)유토피아란 말이 바로 이를 뒷받침한다.

지금 없기에 바라게 되며, 만질 수 없기에 추구하며, 비현실적이기에 더욱 꿈꾸게 되는 이 유토피아가 문학이나 예술의 주제로 머물지 않고 사회현상의 주요한 이슈(issue)가 될 수 있었던 것은 이러한 유토피아를 현실화하고 구체화하고 제도화하려는 시도 때문이었다. 이들은 공상적 사회주의자로 불린 사람들로부터 공산주의자 또 현대의 기술 유토피아주의자에서 환경론자에 이르기까지 다양한 형태로 그들의 꿈을 이 세상에 실현시키고자 하였다. 이런 점에서 유토피아를 대표하는 사람으로 에른스트 블로흐(Ernst Bloch)를, 반(反)유토피아를 대표하는 사람을 칼 포퍼(Karl Popper)로 잡고 이들의 주장을 조명하고자 한다.

블로흐는 유토피아주의자로서 모어의 유토피아적 상상력을 현실 사회에 실현시키고자 하였다. 그는 유토피아의 종교적 피안적 차원을 철학적 정치적 미학적 세계를 통해 펼쳤으며 이러한 과정에서 인간 내부에 자리잡고 있는 잠재성, 지향성으로서의 유토피아의식을 강조하였다. 또한 그는 장소적 개념으로서의 유토피아를 시간적 개념으로 이해하려 했다. 즉 시간이라는 선 그 위에 그려지는 미래지향적 시각(視覺)으로서의 유토피아였다. 그에게 있어 유토피아는 어떤 상(像)이며 이를 현재화하기 위해 앞당기는 선취(先取)의식이며 현실 세계를 변혁하기 위한 구체적인 청사진이라 할 수 있다. 적극적 유토피아주의자로서 그의 유토피아론은 다음 네 가지로 규정된다.

블로흐의 유토피아는 첫째, 보다 나은 삶에 대한 꿈이며 둘째, 미래의 희망을 현재에 앞당기는 것이며 셋째, 질서와 자유의 양립 관계이며 넷째, 이를 실현시키기 위한 구체적 청사진이다. 그런데 이러한 유토피아주의가 사회의 변혁이나 발전에 기여하기도 하였으나 유토피아의 적극성이 강할수록 이에 따르는 반작용도 극대화되었다. 밝은 햇살에 그림자는 더욱 어두워진다는 말이다. 이것이 바로 반(反)유토피아(anti-utopia)의 문제이다. 이 점에 대해 분명한 관점을 갖고 비판한 사람이 칼 포퍼(Karl Popper)였다. 그는 한 사회를 전체적으로 뒤바꾸려는 시도가 그 본뜻이 어떠했든지 관계없이 결과적으로 "닫힌사회"(closed society)를 이루게 된다고 지적한다. 닫힌사회는 자신이 완진하다고 믿는 어떤 상태를 고수하려는 목적으로 스스로를 닫아걸게 함으로 또 다른 보다 나은 사회로 가는 길을 막는 일종의 자기모순에 빠지는 체제를 일컫는다. 다시 말해서 이데올로기가 지배하는 현실을 넘어서려는 유토피아적 초월이 또 다른 지배와 억압의 구조가 된다면 이때의 유토피아는 신종의 억압의 이데올로기가 아닌가 하는 질문이다. 그는 이러한 유토피아적 폐해에 대한 이론적 대부(代父)로서 플라톤과 헤겔을 꼽는다. 플라톤의 「국가론」과 헤겔의 "역사주의"의 허구성을 포퍼는 지적한다. 이 글은 블로흐와 포퍼의 주장을 비판적으로 검토하려 한다. 블로흐의 문제점은 다음과 같다. 즉 유토피아가 본래 현실을 넘어서는 초월적 특성을 지닌다고 할 때, 어떤 유토피아가 자신의 이상적 사회상을 일구어 가는 과정에서 갖게 되는 자기중심적 견해 또는 자기규정적 입장은 역설적으로 반초월적 성향을 띠지 않을 수 없다. 만일 유토피아가 토마스 모어처럼 실험 이전의 단계에 머물러 있다면 유토피아의 초월성은 그대로 유지될 것이다. 그러나 미래의 완전한 이상적 사회나 국가의 상(像)을 현재화 또는 현실화하려는 뜻에서 혁명은 늘 정당화된다. 혁명이 성공했을 경우 "그 체제=완전한 사회"라는 등식이 성립된다. 따라서 사람들은 스스로를 더 이상의 유토피아적 초월이 필요 없는 최선의 국가 시민으로 착각하는 오류를 범하게 된다. 이래서 바아니안(G. Vahanian)은 "유토피아는 그것을 정의 내리는 순간 유토피아가 아닌 다른 어떤 것이 끼어든다."[10]고 말할 수 있었는지 모른다. 초월이 없는 유토피아는 유토피아가 아니며 더 이상의 초월이 필요 없을 정도로 완벽한 국가는 진정한 유토피아가 아니기 때문이다.

다음으로 포퍼의 문제는 "개방사회론"에 관한 것인데 그가 말하는 점진적 사회공학, 이성과 과학을 중시하는 비판적 합리주의는 포퍼 자신이 언급해 온 "가치" 문제에 자신이 자유롭지 못함을 드러낸다. 왜냐하면 그가 주장하고 있는 민주주의, 자유주의도 하나의 가치이며 이데올로기이기 때문이다. 역설적으로 진정한 열린사회는 유토피아의 병폐 때문에 유토피아적 상상력마저 적이 되는 사회는 아닌 것이다.

---

10) G. Vahanian, *Dieu et L'utopie*, 양명수 역, 「하나님과 유토피아」, (서울: 성광문화사, 1991), 65쪽.

이렇게 유토피아주의와 반유토피아주의는 둘 다 사회문제를 단면적으로 파악함으로써 그 한계를 드러낼 수밖에 없었다. 이 한계를 극복하기 위한 방법으로 유토피아와 반유토피아의 양립적 재정립을 제안하고자 한다. 이것이 제3장의 뜻이다. 3장에서는 이데올로기의 문제점을 살펴볼 것이며 어떻게 유토피아가 이데올로기화(化)되어 갔는지를 고찰해 갈 것이다. 그리고 새로운 유토피아를 위한 실험으로 그동안 정치철학에서 중요한 과제로 다루어 온 자유주의와 공동체주의 사이의 쟁점을 살펴보고 탁월한 정치철학자인 한나 아렌트(H. Arendt)의 공(公)과 사(私)의 관계를 추적하고자 한다. 이것은 자유주의와 공동체주의, 공과 사의 관계 정립이 유토피아와 반유토피아의 관계를 유추하게 하는 기본 도식의 역할을 한다는 가능성 때문이다. 새로운 유토피아를 공동체적으로 실현하고자 하려는 뜻에서 볼 때, 이것들은 크게 양 구도로 나누어짐을 알게 된다. 한쪽은 유토피아-공동체주의-공적 영역이 자리하며, 다른 한쪽은 반유토피아-자유주의-사적 영역이 자리한다. 하나의 공동체를 이루려는 과정에서 공동선(共同善)과 개인권(個人權)은 위의 양 구도에 해당되는 양립의 가치이다.

제4장은 기독교 유토피아는 과연 가능한가에 대한 질문과 이에 대한 답변이다. 기독교 유토피아는 어떻게 가능하며 어떤 방법으로 가능한지를 모색하려 한다. 먼저 신약성서 복음서에 나타난 예수에게 초점을 맞추어 "메시야적 기독론"을 통해 기독교 유토피아의 핵심 개념이라 할 "하나님의 나라"에 주목하고자 한

다. 성서에서 말하는 하나님의 나라는 오늘의 기독교 유토피아를 위한 단초가 된다. 구약성서의 메시야니즘(messianism), 신약성서의 하나님의 나라, 메시야적 기독론을 통해 보는 예수 이해, 이들은 기독교 유토피아를 이루는 세 기둥이라고 생각한다.

그런데 하나님의 나라에 대해 신학적 작업을 먼저 시도했던 사람은 아우구스티누스(St, Augustine)였으며 그의 유명한 「하나님의 도성」(De Civitate Dei)은 하나님의 나라에 대한 유토피아적 문제를 가장 먼저 제시한 책으로 평가된다. 그에 대해서는 상반된 견해가 있어 왔다. 유토피아주의자로서의 모습과 반유토피아주의자로서의 모습이 그것이다. 그는 플라톤의 영향을 받았으며 신플라톤주의자이면서 동시에 철저한 기독교 신앙인이며 목회자였다. 전자는 그를 역사철학자로 유토피아주의자로 보도록 했으며, 후자는 그를 이 세상과 역사에 대해 완전성을 기대하지 않도록 하는 반유토피아주의자로 보게 했다. 칼 뢰빗트(Karl Loewith)[11]의 개념을 따라 말한다면, 이성의 눈으로는 유토피아주의이고 신앙의 눈으로는 반유토피아주의라고 할 수 있다. 아우구스티누스의 이 양면이 그의 「하나님의 도성」 안에 그대로 내재해 있다. 그러나 어찌 보면 이 모호성의 원인은 성서의 하나님의 나라에 있다. 즉 하나님의 나라는 한편으로는 메시야 예수와 함께 그 나라가 이미 시작되었다는 선포(Kerygma)와 다른 한편으로는 아직 오지 않았기에 지금도 그 나라를 기다리며 기도

---

11) Karl Loewith, *Weltgeschichte und Heilgeschehen*, 이석우 역, 「역사의 의미」, (서울: 탐구당, 1990) 참조.

하는 종말론적 공동체(Ecclesia)이 양자 사이에 존재하기 때문이다. 이렇게 "왔음"과 "오고 있음"의 이중성은 현존하는 하나님의 나라와 초월하는 하나님 나라의 양면성에 근거한다. 하나님 나라의 현존은 유토피아적 측면이고 하나님 나라의 초월은 반유토피아적 측면이다. 따라서 올바른 하나님의 나라를 말하기 위해서는 이 유토피아와 반유토피아의 양립이 요구된다. 여기에 하나님 나라의 역동적 긴장이 있다.

끝으로 이 글은 기독교 유토피아의 가능성의 표상으로서 공동체를 제안하고자 한다. 이 공동체는 실천적 차원에 해당되는 것으로 지금까지 논술해 온 양자의 구도가 양립적 공존의 관계로서, "상호 규제적 이념"의 원리로 존재함을 명시할 것이다. 이 원리를 통하여 유토피아와 반유토피아는 서로의 한계를 극복할 수 있을 것이며 공과 사, 공동선(共同善)과 개인(個人)권 또 공동체주의와 자유주의가 양립될 수 있을 것으로 본다. 이 양립의 가능태가 새로운 유토피아로서의 기독교 유토피아의 가능성이다.

그동안 이루어진 유토피아 연구는 유토피아 실현에 대한 확신, 아니면 반유토피아의 역기능이라는 일방적 이론들이었다. 따라서 이들은 유토피아주의 즉 유토피아의 긍정적 측면을 부각시키거나 반유토피아주의 즉 유토피아의 부정적 측면을 부각시키는 것으로 만족할 수밖에 없었다. 방법론적으로 포퍼가 "비판적 합리주의" 입장에서 "점진적 사회공학"이라는 대안 전략을 내놓기는 하였으나, 이것은 유토피아의 병폐만을 지적했을 뿐 유토피아성의 회복에는 기여하지 못한 것으로 보인다. 유일하게 칼 뢰빗트 (K. Loewith)가 이성과 신앙의 관계에서 병립을 말하고 있기는 하다. 이 점에서 본 연구와 어느 정도 그 맥을 같이한다고 볼 수 있다. 그러나 그는 유토피아와 반유토피아를 "하나님의 나라" 관점에서 다루지는 않았다.

본 연구는 성서와 관련된 것으로서, 예수가 말하는 "하나님의 나라" 입장에서 보는 유토피아와 반유토피아의 관계이다. 이 양자가 상대를 거부하며 홀로 있을 때 본의 아니게 모두 이데올로기화될 수 있으며, 결국 실재에 대한 참다운 인식의 과정에 들어가지 못함을 밝히는 것으로 그 범위를 삼았다. 본 연구의 목적은 유토피아를 실현하기 위한 구체적 방법을 제시하는 데 있지 않다. 다만 기독교 유토피아의 가능성으로서의 기독교 공동체가 지향해야 할 핵심적 원리를 이론적으로 탐구, 분절, 탐색하려는 데 있다.

주된 자료로서는 유토피아주의를 대표하는 에른스트 블로흐 (Ernst Bloch)의 「희망의 원리」(The Principle of Hope)와 반유토피아주의자인 칼 포퍼(Karl Popper)의 「열린사회와 그 적들」(The Open Society and Its Enemies)을 참고하였으며, 유토피아와 반유토피아를 비교한 사상가인 크리샨 쿠마(Krishan Kumar)의 「유토피아와 반유토피아」(Utopia & Anti-Utopia in Morden Times)를 사용하였다. 기독교적 유토피아를 위해서는 토마스 모어(Thomas More)의 「유토피아」(Utopia)와 아우구스티누스(Augustinus)의 「하나님의 도성」(City of God)을, 방법론을 위해서는 수잔 벅-모쓰(Susan Buck-Morss)의 「부정의 변증법의 기원」(The Origin of Negative Dialectic)과 노버트 볼츠(Norbert Bolz)의 「발터 벤야민」(Walter Benjamin)을 주로 참고하였음을 밝혀 둔다.

제2장 유토피아와 반(反)유토피아

1) 블로흐의 유토피아주의와 포퍼의 반(反)유토피아주의

① 유토피아주의: 블로흐(E. Bloch)

좋은 사회(good society) 그러나 아득히 먼 곳(no place)이기만 했던 유토피아를 구체적 현실로 이해한 대표적인 유토피아주의자로 블로흐(E. Bloch)를 꼽을 수 있을 것이다. 그는 "유토피아적인 것을 토마스 모어의 방식으로 제한하거나 그의 '유토피아론'에 의거해서만 파악해서는 안 된다."[1]고 단호하게 말한다. 그에게 있어 유토피아는 '아직 아닌 것(the Not-Yet)'이지만 꿈을 통해 현재화되는 일종의 선취의식(anticipation)이다.[2] 블로흐는 유토피아의 종교적 요소를 철학화하였으며 여기에 심미적 정치적

---

1) Ernst Bloch, *Das Prinzip Hoffnung, trns. Stephen Plaice & Paul Knight, The Principle of Hope*, (Messachusetts: The MIT Press, 1986), 15쪽. (다음부터 P. H.로 표기함) 블로흐의 주저라 할 수 있는 「희망의 원리」는 1300여 페이지의 방대한 분량으로서 모두 5부 55장으로 구성되었는데, 본 연구에는 2부; 유토피아의식, 4부; 유토피아 사회상, 5부; 유토피아와 종교가 주로 참고되었다.

2) P. H. 623쪽.

24

요소를 결합하는 등 유토피아의 개념을 철학적, 사회학적, 신학적, 미학적 차원으로 끌어올렸다고 하겠다. 그가 말하는 유토피아론은 다음 네 가지로 특성지울 수 있다.

첫째로, 블로흐는 유토피아를 인간의 내부에 잠재되어 있는 어떤 의식 또는 지향성으로 본다. 그리고 이 지향성으로서의 의식은 새로운 무엇을 창출케 하는 일종의 경향성이며 잠재성이기도 하다. 이런 의식의 결과는 다름 아닌 괴테의 파우스트나 단테의 신곡, 스트라스부르 대성당, 베토벤의 미사음악 등 위대한 예술작품으로 나타나기도 한다.[3] 그는 두려움과 혼란 위에 자리하고 있는 희망을 배우고자 하였으며 그 희망을 말하기 위한 「희망의 원리」 1권에서 꿈을 설명하고 있다. 그리고 이러한 '아직 의식되지 않은 것(the-Not-Yet-Consciousness)'이지만 언젠가 현실에 구체적으로 나타날 현상으로서의 '낮 꿈'을 말한다.[4] 그는 프로이트가 말한 대로 꿈의 기능을 어떤 무의식적 소원에 대한 가상적 실현이라고 말하기는 하나, 이것은 밤의 꿈에 대한 것이며 낮의 꿈은 보다 나은 삶에 관한 것이다. 바로 이보다 나은 삶에 대한 꿈이 유토피아적 의식이라는 것이다.[5] 곧 낮 꿈속에는 인간이 유토피아를 갈구하는 주요한 상이 담겨 있다고 그는 주장한다.[6]

블로흐에 의하면 "밤에 꾸는 꿈은 인간의 무의식적 소원의 상

---

3) P. H. 158쪽.
4) P. H. 77쪽.
5) P. H. 79쪽.
6) P. H. 90쪽.

을 환각으로 만드는 데 반해",7) 또 "대부분의 밤의 꿈이 왜곡되어 있음"8)에 반해, 낮의 꿈은 보다 나은 삶을 기리는 인간의 갈망을 그대로 담고 있다. 그는 이런 낮 꿈이 세상을 개혁시키는 유토피아적 요소와 직결된다고 주장하며 이렇게 말한다.

> "이 낮 꿈은 인간과 관련되는 미래의 어떤 것을 선취케 하며, 이를 인간의 의식 안에서 증폭케 한다. 유토피아 사회상의 아름다움과 눈부신 변화의 갈망은 오직 낮 꿈 안에 자리잡고 있을 뿐이다. 무엇보다 '이 세상이 얼마나 추악한가, 또 얼마나 아름답게 바뀔 수 있는가.' 하는 상상의 혁명적 관심은 세상의 변혁에 대한 이러한 깨어 있는 꿈을 필요로 한다."9)

둘째로, 블로흐는 유토피아를 공간보다는 시간적 요소로 이해한다. 전통적으로 유토피아는 저 멀리에 떨어져 있는 어떤 장소로 막연히 그려졌다. 그것이 동양의 이상향이든 무릉도원이든 성경의 에덴동산이든 아니면 서구의 아카디아(Arcadia)나 코카인(Cockaigne) 또 아틀란티스(Athlantis)나 뉴아틀란티스이든 마찬가지다. 인간의 의식 안에 장소적 개념(geographical term)으로 머물러 있었던 유토피아는 이제 시간적 개념(temporal term)으로 확장되는 것이다. 이것이 블로흐가 말하는 '미래지향적 시각(視覺)'으로서의 유토피아10)이다. 그는 「희망의 원리」 서문에서

---

7) P. H. 79쪽.
8) P. H. 79쪽.
9) P. H. 95쪽.

인간을 시간적 존재로 보고자 한다. "우리는 누구인가? 어디서 와서 어디로 향해 가고 있나",[11] "무엇보다도 모든 사람은 미래를 지향하며 살아간다",[12] "철학은 내일에 대한 의식, 미래에 대한 참여(commitment), 그리고 희망의 지식을 소유하게 될 것이다. 그렇지 않으면 철학은 더 이상의 지식을 지닐 수 없을 것이다."[13] 여기에서 나타난 대로 미래, 내일, 희망은 한마디로 시간적 개념이다. 그는 세상과 멀리 떨어져 있는 사물을 망원경으로 들여다보듯 유토피아의식을 시간화함으로써 아직 아무도 밝혀내지 못한 새로운 무엇을 찾아내려 한다. 그는 말한다. "우리는 가장 가까운 근친성 속으로 침투하기 위하여, 잘 연마되어 있는 유토피아의 의식이라는 아주 강력한 망원경을 필요로 한다."[14]고.

유토피아가 기존의 사회 현실을 초월하려는 의식이라고 한다면, 또한 그 초월의식이 단순한 도피의 수단이 아니라고 한다면, 그래서 보다 나은 세계를 향한 꿈으로의 적극성이라고 한다면, 보다 나은 세계에 대한 비전이 미래 사회를 향한 시간 선상에서 그려진다는 것은 당연한 일이 될 것이다. 사실 잃어버린 낙원이나 과거의 황금시대에 대한 동경이 유토피아적 열정을 불러일으킨다고 하지만,[15] 그 동경은 그저 고향에 가고 싶어 하는 낭만적

---

10) P. H. 12쪽.

11) P. H. 3쪽.

12) P. H. 4쪽.

13) P. H. 7쪽.

14) P. H. 12쪽.

15) 임철규, 「왜 유토피아인가」, (서울: 민음사, 1994), 19쪽.

감정에 머물러 있도록 하지 않고 점차 미래를 향해 투쟁하게 한다. 즉 과거 지향적 낭만주의는 현재와의 화해를 거부하면서 역으로 미래에서 그 해결점을 찾도록 한다는 말이다.[16] 이렇게 장소적 차원에서의 유토피아를 시간적 차원으로 이해하고 거기에서 유토피아적 희망을 보려 했다는 점에서 블로흐의 유토피아는 시간적 특성을 드러낸다.

셋째로, 블로흐는 자유와 질서의 양립 문제를 통해 그의 유토피아론을 펼친다. 블로흐의 주저 「희망의 원리」 중 저자의 유토피아 사회상을 잘 보여주는 부분은 제4권 36장이다. 「자유와 질서(Freedom and Order, survey of social utopia)」라는 제목이 암시하듯이, 그는 유토피아를 자유의 나라 아니면 질서의 나라로 보고 있다. 그는 전자의 경우를 토마스 모어(유토피아)에게서 후자의 경우를 캄파넬라(태양의 나라)에서 찾는다. 토마스 모어의 유토피아는 그의 책 제목 그대로 「국가의 가장 나은 상태에 관하여 또는 새로운 섬 유토피아에 관하여(De optimo rei publicae statu sive de nova insula Utopia)」이다. 그리고 가장 나은 상태를 다름 아닌 자유의 상태라고 본다. 모어는 그가 살았던 영국 사회의 불의를 고발하고 보다 나은 새로운 사회를 향한 개혁의 과제로 그 책을 썼다. 그리고 그 사회에서 사유재산을 철폐하고 공유제도를 실현하는 것을 핵심으로 삼았다. 그러나 블로흐는 집단주의적(Collectivism) 이상의 실현이라는 뜻보다 오히려 그 공동체 안에

---

16) 같은 책, 369쪽.

자유가 내재되어 있다는 것을 모어의 위대한 점으로 밝힌다.[17] 이전에 꿈꾸어 왔던 공산주의적 이상이 물질을 바탕으로 하는 것이었다면 모어는 자유주의적 시각에서 사회주의나 공산주의를 재인식했다는 것이다. 즉 자유와 관용(freedom and tolerance)의 나라가 바로 유토피아 섬인 것이다. 이것은 그곳에 펼쳐진 종교의 자유를 통해 잘 나타나는데 "어떤 종교도 인간을 해쳐서는 안 된다는 것이 유토피아의 가장 오래된 법령이기 때문이다. …… 유토피아를 설립한 사람은 평화 때문만이 아니라 '종교가 인간을 자유롭게 만들어야 한다'는 견해에 의거하여 종교적 자유를 허용하였다."[18] 그는 다양한 방법으로 신을 숭배하는 것에도 관용적이다. 로마 교회의 순교자로 삶을 바친 모어의 입에서 어떻게 이 같은 기독교 자체의 절대성을 의문시하는 말이 나올 수 있었는지를 놀라워하며 이를 계몽주의의 첫 입김이라고 갈파한다.[19]

 모어의 작품과 대립되는 또 하나의 중요한 유토피아적 나라는 캄파넬라(Campanella)의 태양의 나라(Civitas solis)이다.[20] 모어

---

17) P. H. 519-520쪽.

18) Thomas More, *Utopia*, tr. R. M. Adams (New York, 1975), 202쪽. 「*Utopia*」에서 종교 사상에 관한 것은 끝 부분에 나오는데, 특히 종교적 관용에 대해 블로흐는 특별히 강조한다.

19) P. H. 522쪽.

20) 캄파넬라(Tommaso Campanella, 1568-1639)의 「태양의 나라」(*The City of the Sun*, tr. by W. J. Gilstrap (New York, 1952))는 합리주의, 신비주의, 천년왕국 사상과 점성술이 복합되어 있는 저자의 사상의 집결체로서 특히 새로운 별의 출현으로 인한 새로운 질서의 왕국을 제시한다.

가 자유를 강조했다면 여기에서는 질서의 찬가가 울려 퍼진다. "토성과 수성과 화성의 대 화합이 이루어지고 새로운 별이 카시오페아 좌(座)에 출현하게 된다. 그러면 새로운 왕국이 일어나고 법률과 기예와 학문이 개혁 쇄신되며 새로운 예언자가 나타나 일대 변혁이 일어나게 될 것이다. …… 기존 세계의 질서가 전복, 청산되고 새로운 사회 질서가 수립 창건된다."21) 그곳에서는 군주가 모든 것을 관장하는 엄격한 중앙집권을 이용한 강력한 체제를 추구한다. 태양의 나라는 그 당시에 대두된 비잔틴과 가톨릭의 위계질서를 전적으로 도입함으로써, 그 철저한 질서에 있어서 완전한 국가의 모델인 플라톤의 "스파르타 국가"를 능가한다. 질서는 유토피아를 실현하려는 꿈을 가진 자들의 분명하고 확실한 무기였다. 그것 없이 어찌 사유재산이 철폐될 수 있으며 그것 없이 어찌 평등이 실행될 수 있는가. 우주의 질서, 태양계의 질서라는 궤도가 인간 사회에 그대로 적용된다는 것은 지극히 자연스러운 일이 되는 나라가 "태양의 나라"로 묘사되는 질서의 유토피아인 것이다.

블로흐는 모어의 자유의 유토피아를 연금술에 비유할 수 있다면 캄파넬라의 질서의 유토피아를 점성술에 비유코자 한다.22) 불순물 섞인 광석에서 금을 정제해 내듯 나쁜 세상에서 증류되어 나온 좋은 사회라는 점에서 연금술이고, 넓고도 높이 쌓아 올려진 지배 체제를 뜻하는 천문학의 세계와 그 세계의 질서를 이 땅의

---

21) 같은 책. 346쪽.
22) P. H. 528쪽.

인간 사회에 적용시켜 보고자 하는 것이 점성술이란 뜻이다. 이후 자유를 지향하는 유토피아는 토마스 모어를 선구자로 여겼으며 중앙집권체제를 지향하는 유토피아는 캄파넬라를 선구자로 간주하면서 블로흐는 이 둘의 양립의 가능성을 제시한다. 구체적인 질서와 구체적인 자유는 대립되어 있지 않으며 오히려 상호 의존적으로 연계되어 있다는 것이다.[23] 블로흐는 질서와 자유에 대해 이렇게 덧붙인다. 구체적인 자유가 공동체 안에서 명백하게 이루어지며 한 사회를 성공적으로 변화시키는 인간의 의지라면, 구체적인 질서 또한 성공적인 완성된 공동체의 한 형체가 된다고 본다. 질서뿐 아니라 자유 역시 한 공동체 안에서 구조적으로 가능하다는 것이다. 그에 의하면 자유와 질서의 결합은 지극히 변증법적이다. 자유가 질서로 끝맺는 것과 같이 질서도 자유에 의해 종착점을 발견한다. 그러므로 자유는 질서의 내용이며 질서를 위한 인간 의지의 본질적인 실체이다. 이 실체가 질서로 하여금 자유를 향하게 한다. 결국 자유는 조직화되고 체계를 이루게 하는 고유의 특성을 지니고 있다고 블로흐는 해석한다. 이 해석 속에서 질서는, 통제나 억압과는 상반되며, 자유와 변증법적으로 관계한다고 본다. 즉 질서는 구체화된 자유의 모습이며 자유는 구체적 질서의 모습이라는 것이다. 이 같은 경우의 한 예로써, 그는 "민주주의적 중앙집권주의(democratic centralism)"라는 말을 사용한다.[24]

넷째로, 블로흐의 유토피아의 특징은 구체적인 데 있다. 유토피

---

23) P. H. 533쪽.
24) P. H. 533-534쪽 참조.

아는 현실보다는 이상, 가시적 현재보다는 비가시적 미래를 강조하기 때문에 자칫 추상화되기 쉽다. 비현실적이고 막연한, 그래서 추상적 대안에 그치기 쉬운 유토피아를 보다 구체적인 상(concrete picture)으로 제시한 사람이 블로흐이다. 그는 유토피아가 현실과 거리가 먼 추상적 내용을 담고 있다는 오해를 지적하면서, "유토피아가 소위 추상적 내용을 이상화하는 까닭은 그것이 아직 미성숙 단계에 머물러 있기 때문"[25]이라고 해명한다. 이러한 단계를 극복하는 길을 두 개념으로 제시한다. 하나는 선취(anticipation)개념[26]이고 다른 하나는 차 시간표(time table)개념[27]이다. 일반적인 유토피아들은 현실로는 존재하지 않은 채 표상으로 남아 있고 그 무엇에 대한 상(像: picture)으로 존재한다. 그러한 상들은 보통 환상(fantasy-pictures)으로 불린다. 그러나 막연히 공중에 떠다니는 것 같은 환상이 어떤 근거를 가지고 중심이 잡힌 확고한 구조를 가진다면 그 표상은 구체적인 상(concrete picture)이 될 수 있다. 블로흐는 이 확실한 근거를 '희망'에 두었다. 시간적으로 미래에 있고 이 희망의 상을 현재화하는 것이 바로 선취인데, 이때 이 유토피아적 상은 당연히 현실에 "있어야 할

---

25) P. H. 145쪽.

26) 블로흐는 희망의 원리를 선취의식(anticipatory consciousness) 이라는 제목으로 시작한다. 이 의식은 미래에 일어날 어떤 상(像)을 현재화하는 의식이다. 이 의식을 통해 막연한 미래를 구체적 현실의 상으로 드러낸다. 선취개념은 후에 희망의 신학자 몰트만(J. Moltmann)에게 가장 큰 영향을 끼치게 한 말이 되었다.

27) P. H. 130쪽.

(should be)” 것으로서의 구체적 상인 것이다. 그러나 블로흐에 의하면 앞서 유토피아를 말한 플라톤(Platon), 아우구스티누스(Augustinus), 캄파넬라(Campanella) 그리고 프리에(Fourier)나 생시몬(St. Simon) 등은 이 점에서 실패했다고 본다. 다시 말해서 이 땅에서 구체적으로 누릴 수 있고 또 누리도록 해야 할 구체적 차 시간표를 제시하지 못했다는 것이다. 그의 관심은 “새로움을 향한 방법론적 조직체, 앞으로 도래할 그 무엇에 대한 객관적 집합체”28)에 있었다.

물론 블로흐는 맑시스트로서 사람들로 하여금 앞으로 도래할 그 무엇을 정확하게 예측케 하며, 무언가를 행동으로 실천하게 하며, 미래를 이데올로기로 왜곡되지 않은 희망의 내용으로 가득 채우고자 한다. 그러나 그의 구체적 시간표는 정치적 투쟁에 국한하지 않고 오히려 그 예를 예술, 문학, 과학, 기술문명, 문화, 종교, 건축 등 인간의 삶 전 영역에서 찾고자 했다는 데서 높이 평가받을 수 있다 하겠다. 이 땅의 위대한 문명과 예술 작품이 모두 유토피아적 배경을 안고 있다는 말에 동의하는 한 …….

이제까지 논자는 블로흐의 유토피아론을 간략히 소개하였다. 물론 중립적 “소개”의 목적으로 그를 다룬 것은 아니다. 그의 논리를 비교적 공감하는 입장에서 유토피아의 적극적인 면을 살펴보았다. 그러나 유토피아 사상이 이렇게 한 사회의 변혁이나 발전에 기여해 왔음에도 불구하고 유토피아는 밝은 면 못지않게 어두운

---

28) P. H. 157쪽.

면을 가진다. 즉 유토피아가 밝게 비추일수록 어두움 또한 짙게 드리우는 게 사실이다. 유토피아에 대한 열정과 실현 과정의 의도가 강하면 강할수록 이에 대한 역반응 역시 크다는 말이다. 다름 아닌 디스토피아(dystopia), 즉 반–유토피아의 문제인 것이다.

 "만일 어떤 유토피아가 이상적 사회상을 그려내는 가운데 그 와중에서 갖게 된 자기의 규정들을 고수하고자 한다면, 또 그럼으로써 오히려 그 현실을 유지하고 지탱하는 데 도움을 준다면, 그런 유토피아는 자신의 본래 의도와 관계없이 반초월적이며 반유토피아적인 측면을, 따라서 일종의 자기모순을 가지게 되는 셈이다. 요컨대 유토피아에서 닫힘의 구조는 '유토피아–반(反)유토피아'라는 아포리를 만들어 낸다."[29]

다시 말해서 이데올로기가 지배하는 현실을 넘어선다는 유토피아의 초월적 특성이 역으로 유토피아라는 또 다른 지배와 배제 또는 자기중심성의 한계를 낳게 되는 문제를 지적하지 않을 수 없는 것이다.

② 반(反)유토피아주의: 포퍼

이러한 점에서 본 연구는 칼 포퍼(Karl Pepper)에 주목하고자

---

29) 문성원, "닫힌 유토피아, 열린 유토피아", 「철학연구」 49집, (철학연구회, 1999. 겨울).

한다. 그는 무엇보다 유토피아주의의 위험성을 누구보다도 예리하게 지적하며 비판하고 있기 때문이다. 유토피아가 다양한 유토피아들을 위한 "열린 틀(open framework)"이 되지 못하고 어떤 강요와 지배의 구조가 되어 사회의 합리적인 비판의 기능을 마비시킨다면 이것은 "닫힌 틀(closed framework)"의 사회라는 것이 그의 주장의 요지이다.

포퍼는 유토피아론의 이론적 대부로서 헤겔과 플라톤을 꼽고 그들의 악영향을 밝히는 것으로 그의 주장을 펼쳐나간다. 먼저 플라톤에 대한 것이다. 오늘날 유토피아와 동일시되는 완전한 또는 최선의 국가(Republic)에 대한 플라톤의 서술은 유토피아주의자들의 모델이었다고 할 수 있다. 플라톤은 헤라클레이토스와는 반대로 변화를 부정적으로 보았는데 부패로 치닫는 일반적인 역사적 경향과 정치적 변화를 억제시킴으로써, 변화하지 않고 파멸하지 않는 최선의 완전국가로서의 부패도 악도 없는 사회를 이루고자 하였다. 플라톤의 이데아(Idea)는 고정적이고 불변한 것이며, 시간의 흐름에 따라 손상되지 않는 영원한 것이다. 따라서 국가도 이렇게 완전하고 영원불변한 것으로 보고자 했다. 그는 "악을 오염되고 파괴되는 것으로, 선을 지속적인 것"[30]으로 설명한다. 이러한 입장에서 볼 때, "모든 사회적 변화는 타락이나 부패 또는 퇴보"[31]가 된다.

---

30) *The Republic of Plato*, tr. F. M. Cornford (London: Oxford University, 1941) 342쪽.

31) K. Popper, *The Open Society Its Enemies* Vol. I, (London:

  플라톤의 사회 정치철학에는 "역사주의(historicism)"와 "사회
공학(social engineering)"이라는 두 태도가 전형적으로 결합되고
있다는 것이 포퍼의 주안점이다. 역사주의라 함은 역사가 "변화
하지 않는 법칙에 의해 지배된다는 관점"[32]의 역사관을 말한다.
"형상이론이나 이데아이론(Theory of Forms or Ideas)"으로 불
리는 완전하고 변치 않는 원리를 만물이나 국가뿐 아니라 역사
의 과정에도 적용하려 한 것이 플라톤의 입장이었으며 이에 대
한 신념은 곧 플라톤 철학의 중심 원리라고 포퍼는 말하고 있
다.[33] 이 같은 원리로 볼 때, 역사의 미래 과정이 정해져 있고
미래는 예측 가능한 것과 같이 사회제도도 그것의 기원과 발전
과정 또 현재적 의미와 미래적 의미가 역사와 비슷한 방식으로
도출될 수 있다는 말이다.

  반면 사회공학자는 역사적 경향이나 인간의 운명에 관해서는
어떤 관심을 기울이지 않는다. 그는 인간이 자신의 운명의 주인
이며, 우리가 지구의 표면을 변화시킬 수 있듯이 그렇게 우리의
뜻대로 역사를 바꾸거나 역사에 영향을 끼칠 수 있다고 믿는다.
인간에게 어떤 외부적 목적이 따로 주어지는 것이 아니라, 우리
의 필요에 의해 집을 짓고 예술 작품을 만들고 새로운 기계를
만들어내는 것처럼 인간의 목적도 그와 같이 우리 자신들에 의
해 만들어내면 되는 것이다. 인간의 의지와 관계없는 어떤 초월

  Routledge 1945), 19쪽. (다음부터 O. S. Ⅰ, Ⅱ로 표기함)
32) O. S. Ⅰ, 21쪽.
33) O. S. Ⅰ, 21쪽 참조.

적인 원리 같은 것이 있어 그 뜻을 따라 행동해야 된다고 생각하는 역사주의자와는 달리, 사회공학자는 사회제도를 정해진 법칙에 따르는 피동적 입장에서가 아닌 인간의 바람과 목적에 따라 구성하고 변화시킬 수 있는 것으로 본다. 그에게 있어 제도란 특정한 원리 아래 움직여지는 것이 아닌 목적에 봉사하는 수단이 된다. 따라서 여기에 요구되는 가치는 적절한 효능, 간편한 합리성이 된다. 이렇게 비교적 상반되어 보이는 두 입장이 결합될 수 있다고 한다면 그것은 바로 플라톤이 말하는바 사회 정치철학이라 할 수 있다. 다시 말해서 불변의 원리를 역사에 도입하려는 역사주의로서 완전한 국가의 모형이나 원형을 제시한 다음 이 완성의 틀을 사회공학적 설계로 합리화함으로, 결국 플라톤은 어느 누구도 건드릴 수 없는 최선의 국가 설계도를 제시하고 있는 셈이 된다. 이와 같이 완전한 또는 최선의 국가(perfect or best state)에 대한 플라톤의 저술은 보통 진보주의자들의 유토피아적 설계도로 해석되어 왔다고 포퍼는 지적한다.[34] 그리고 이 국가는 초시간적인 형상이나 이데아의 세계 곧 하늘의 도성을 뜻하며 어느 누구도 그 본질로서의 완전성에 흠집을 내어서는 안 되고 절대적 가치를 부여해야 하는 대상이 되었다. 거기에 어떤 변화의 중요성이 제기될 수 있겠는가?

포퍼에 의하면 이렇게 완전한 국가 또 이러한 완전을 이 땅에 사회 공학적인 방법으로 실현시킬 수 있다는 사상은 위험한 문

---

34) O. S. Ⅰ, 45쪽 참조.

제를 야기하는데 이러한 위험한 상태가 다름 아닌 "닫힌사회"[35]의 모습이다. 그에 의하면 닫힌사회는 다음의 두 가지 문제를 안고 있다.

첫째로, 전체론(holism)의 문제이다. 전체주의의 특성은 다음의 말로 대변된다. "네가 전체를 위해 창조된 것이지 전체가 너를 위해 창조된 것은 아니다."[36] 개인에 군림하는 국가의 우월성의 위험이 여기에 있다. 전체론에 의하면 개인주의는 이기주의와 동일시된다. 이타적 개인주의란 존재할 수 없다. 개인이 집단을 위해 존재하는 한 집단주의는 개인의 희생을 강요할 수밖에 없게 된다. 그리고 이렇게 개인의 가치, 개인의 주장, 개인의 요청 그 자체가 악이 되는 사회는 닫힌사회가 되는 것이다.

전체주의의 가장 큰 오류는 개인의 이기성 문제에 집착함으로 일어나는 집단의 이기주의 문제이다. 한 개인의 이기성보다 큰 위험은 집단 전체의 이기성이 아닌가? 집단적 이기성은 국가를 합리적 목적을 가진 공동체로 이해하기보다, 보다 높고 고상한

---

35) 포퍼는 각주(註) 머리글에서 열린사회와 닫힌사회의 처음 사용이 베르그송(H. Bergson)에서 비롯되었음을 밝힌다. 또한 그 개념이 베르그송의 그것과는 차이가 있음도 지적한다. 베르그송이 종교의 형태가 어떠한가에 따라 달리 나타나는 사회의 모습, 즉 종교적 구별을 통해서 확인되는 사회유형을 말했다고 한다면, 포퍼는 그 사회가 얼마나 합리적인가 그렇지 못한가에 따라 열림과 닫힘을 구별 지으려 한다.

36) 이 말은 "부분은 전체를 위해 존재하지만 전체는 부분을 위해 존재하는 것이 아니다. 너는 모든 사람을 위해 창조되었지만 모든 사람들이 너를 위해 창조된 것은 아니다"라는 플라톤의 「법률」(Laws), 903쪽에서 인용한 것이다.

어떤 것, 즉 숭배대상으로서의 국가에 대한 인식을 낳는다. 이러한 양상 이면에는 집단주의를 이타주의와 동일시하는 의식이 전제되어 있으며 이 같은 의식에는 무비판 무반성의 맹목과 맹신이 깔려 있다.

이러한 전체주의는 개인과 집단의 우선순위 논란에 그치지 않는다. 전체주의에서는 사회 전체(또는 한 국가 전체)가 어떤 비합법적 목적을 위해, 비합리적 수단을 이용하여 통제하고 개조하고 계획하려는 일종의 정치 공학적 프로그램에 의해 좌지우지될 위험이 많다. 이 위험의 본류를 포퍼는 "역사주의"에서 찾고 있는 것이다. 그에 의하면 역사주의란 "역사적 예측을 사회과학의 기본적 목적이라 생각하고, 이러한 목적은 역사 전체의 밑바닥에 깔려 있는 율동이나 유형, 법칙이나 경향을 발견함으로써 달성될 수 있다고 보는 사회과학의 한 접근법"[37]이기 때문이다. 이 역사주의의 위험은 그대로 유토피아주의의 문제로 이어짐은 물론이다.

둘째는, 유토피아주의(utopianism)의 문제인데 이는 점진적 공학(piecemeal engineering)과 반대되는 유토피아적 공학(utopian engineering)의 위험을 뜻한다. 포퍼는 그의 「열린사회와 그 적들」 제9장의 머리글을 이렇게 시작한다. "모든 것이 우선적으로 파괴되어야 한다. 우리가 이 세상에 어떤 그럴듯한 것을 실현하기 전에, 우리의 저주받은 문명 모두를 없애야 한다."[38] 유토피아주의

---

37) K. Popper, *The Poverty of Historicism,* (New York Evanston: Harper & Row, 1964), 3쪽. 「열린사회와 그 적들 Ⅰ」, (이한구 역), 182쪽에서 재인용.

의 입장을 단적으로 드러내는 말이다. 한 사회를 전체주의적 입장에서 그리고 역사주의의 맥락에서 이해한다고 할 때, 이러한 사상을 실천하는 실천의 공학이 곧 유토피아 공학이라는 것이 포퍼의 생각이다. 그는 유토피아 공학의 모순을 지적하는데 하나는 급진적 파괴의 위험과, 둘째는 독재체제의 위험과, 셋째는 대규모의 사회적 실험으로 인한 병폐 등이다.

레닌이 말했듯이 "계란을 깨지 않고는 오믈렛을 만들 수 없기" 때문에 유토피아 공학은 그 사회의 최대의 악과 가장 긴급한 악을 대항하는 필연의 방법으로 폭력을 쓰지 않을 수 없게 된다. 이성 대신 폭력, 합리성 대신 열광성이다. 다음으로 따라오는 문제는 누가 이 일을 할 것이냐는 것이다. 다시 말해서 누가 국가를 통치해야 할 것인가? 이러한 통치는 권력 장악과 지배와 권위주의와 직결되며 후계 구도의 어려움을 야기한다. 후계자가 동일한 이상을 추구하지 않는다면 그 이상을 위해 바쳐진 국민의 모든 고난은 수포로 돌아갈 수도 있기 때문이다.[39] 셋째의 문제, 유토피아 공학의 방법론적 대상은 결코 소규모적 실현에 머무를 수가 없다. 격리된 마을이나 실험실 같은 조건의 제한에 만족하는 한, 유토피아적 실현을 결코 성공할 수 없다. 이 실험의 성공 여부는 사회 전체의 전폭적 변화를 통해야 할 필연성을 조건으로 걸고 있기 때문이다. 그래서 포퍼의 말처럼 유토피아주의는 지구 위에 천국을 만들려 하다가 끝내는 언제나 지옥을 만들고

---

38) O. S. Ⅰ, 157쪽에서 재인용.
39) O. S. Ⅰ, 160쪽.

마는 우스꽝스러운 것이 될 수도 있다.[40]

포퍼의 유토피아주의에 대한 경고는 여기서 그치지 않고 헤겔과 마르크스에까지 이어진다. 아리스토텔레스의 본질주의 즉 "모든 변화하는 것의 형상 또는 본질(essence)은 그 변화가 진행되는 마지막 상태 또는 목적이나 끝머리와 동일"[41]하다는 주장에 따라, 어떤 목적인(final cause) 같은 것이 있어서 그것은 역사 속에서 "자기를 실현하며 자기실현화된 목적인 그 자체를 향해 스스로를 움직여 나간다."[42]고 헤겔은 말할 수 있었던 것이다. 헤겔에 있어서 "세계 역사는 정의의 법정"이며 이러한 역사의 진보과정에서 "모든 이성적인 것은 현실적인 것이며 현실적인 모든 것은 이성적"이라는 동일철학(Philosophy of identity)이 주창된다. 이렇게 헤겔의 역사주의는 전체주의(totalitarianism)로 가는 길을 정당화한다고 포퍼는 말한다.[43]

헤겔과 전체주의의 관계는 그것의 플라톤과의 관계에 비견된다고 생각하는 것이 포퍼의 견해이다. 플라톤에게 있어서의 국가는 헤겔에게서 종족, 즉 국가는 국가를 창조하는 민족(또는 인종)의 정신이 되며, 이렇게 선택된 민족은 세계지배를 위해 운명지어지게 된다. 헤겔의 사상이 인종주의로, 정신이 피로 뒤바뀌어

---

40) O. S. Ⅱ, 237쪽.

41) O. S. Ⅱ. 5쪽.

42) Hegel: Selections (ed. by J. Lowenberg, 1929), 128쪽에서 Popper가 인용한 것임.

43) O. S. Ⅱ, 42, 59쪽.

지게 되는 일에 헤겔 그 자신이 자유롭지 못하다는 것이다.[44] 포퍼가 지적한 대로 유토피아주의와 전체주의는 헤겔의 힘을 거쳐 마르크스에게로 이어진다.

마르크스주의는 역사주의와 유물론을 합쳐 놓은 한 형태라 할 수 있다. 그러나 그의 사상이 헤겔과 다른 것은 "실천(praxis)"과 "과학적 방법(scientific methodology)"[45]에 있다. 이 사회가 어떤 역사 결정론에 의하여 미래를 향해 가고 있는데 이 과정을 정확하게 알기 위해 필요한 것이 과학이며 이 과학은 단순한 앎의 차원이 아닌 실천을 요구한다. 그에게 있어 과학은 진리 그 자체이며 일종의 종교적 계율과 같은 것이다. 따라서 "유토피아적 사회주의자"들은 마르크스의 비판의 대상이 될 수밖에 없었다. 사회주의가 유토피아적 단계로부터 과학적 단계로 발전되어 가야 함은 당연한 일이었다.[46] 역사가 어떤 법칙대로 진행되며 따라서 미래는 과학적 예측(scientific prediction)이 가능하기 때문이라는 것이다. 그런데 유토피아주의자들은 이러한 과학적 예측이 아닌 공상적 예언에 의존한다. 그들은 역사의 필연성 앞에서 연약한 몸짓을 헛되이 하는 자들에 불과하다. 이에 대한 대안

---

44) O. S. Ⅱ, 62쪽.

45) 마르크시즘에서 실천과 과학의 문제는 중요한 개념이다. 그러나 소위 이 "과학적 방법"이란 것은 오히려 도그마틱(dogmatic)한 것이라고 주장하며, 마르크스의 방법론은 과학적인 것의 정반대라고 주장하는 막스 베버(Max Weber) 같은 이도 있다.

46) 포퍼는 O. S. Ⅱ, 83쪽의 주석에서 이 말을 마르크시즘에 있어서 매우 중요한 비판 내용이라고 간주한다.

42

이 사적 유물론(historical materialism)인데 이는 사상과 관념은 그것이 연유한 경제적 조건이나 그러한 사상과 관념을 산출한 사람의 삶의 경제적 조건을 고려함으로써만 과학적으로 연구될 수 있으며, 이것은 역사와 관련해서 말할 때, 역사의 단서는 인간과 그의 자연환경과의 관계의 발전, 즉 인간의 경제적 삶 속에서 발견될 수 있다는 주장이다. 역사를 끌고 가는 힘을 마르크스는 "경제적 동기"와 "계급적 이익"에서 찾았던 것이다.[47]

포퍼는 마르크스의 이 사적 유물론과 계급투쟁의 문제를 선택적으로 비판한다. 사적 유물론에 있어서 역사를 예언 가능한 과학으로 보는 역사주의는 단호히 거절함에도[48] 역사의 진행과정에 경제적 요인을 중시하는 점은 수용한다.

> "환언하면, 실제로 제도적이건 역사적이건 모든 사회 연구는 사회의 경제적 조건들에 주목하여 수행되는 한 수확을 거둘 수 있다는 것은 의문의 여지가 없다. 수학과 같은 추상 과학의 역사도 예외가 아니다. 이런 의미에서 마르크스의 경제주의는 사회과학의 방법에 있어서 대단히 값있는 진보를 대표한다고 말할 수 있다"[49]

---

47) O. S. Ⅱ, 100쪽. 역사 발전과정의 원동력을 "경제적 동기"와 "계급투쟁"으로 보았다는 것은, 마르크스(Marx)와 엥겔스(Engels)의 "공산당 선언(*Communist Manifesto*)"에 나오는 다음 글에서도 찾을 수 있다. "지금까지 존재해 왔던 모든 사회의 역사는 계급투쟁의 역사이며 자유인과 노예, 귀족과 평민, 영주와 농노, 길드 주인과 직공 사이의 적대적 역사, 곧 억압하는 자와 억압받는 자 사이의 역사이다."

48) O. S. Ⅱ, 106쪽.

그럼에도 불구하고 포퍼는 마르크스가 말하는 소위 '근본적'(fundamental)이란 개념으로 경제를 말하는 데는 동의하지 않는데, 모든 사상과 관념을 경제적 조건에 환원시켜서는 안 되는, 오히려 경제적 조건과 사상의 관계는 어느 하나가 다른 하나에 대한 일방적으로 의존하는 관계가 아닌 상호 작용 관계로 보아야 한다고 생각하기 때문이다. 그러나 그것보다 포퍼가 마르크스를 비판하는 것은 마르크스의 "계급투쟁론"과 "정치무력론"이며 이것들로 야기되는 닫힌사회로 가는 양상이다. 마르크스의 "모든 역사는 계급투쟁의 역사이다"라는 계급론적 진술은 일면 가치가 있기는 하지만 역사를 단순화하는 위험이 있다. 예를 들어 중세 역사의 가장 큰 주제의 하나인 교황과 황제 사이의 투쟁은 착취자와 피착취자 사이의 싸움이 아닌 지배계급 내부에서의 분쟁일 뿐이다.[50] "정치는 무력하다. 정치는 경제적 현실을 결정적으로 바꿀 수 없다"[51]는 정치 무력론(the impotence of all politics)에 의하면 모든 정부는 결국 계급 독재에 지나지 않는 것인데, 자본주의는 부르조아 독재요 사회혁명은 프롤레타리아 독재라는 귀결을 낳는다. 그러나 프롤레타리아 독재가 사회혁명을 성취하고 나서 예전의 부르조아들이 저항을 중단하게 되면 국가는 기능을 상실하게 된다는 것이다. 하나의 계급밖에 없는 사회 즉, 계급이 없는 사회가 되어 계급 독재는 없어지게 되며[52] 기능을 상실한 국가는

---

49) O. S. Ⅱ, 106-107쪽.

50) O. S. Ⅱ, 116쪽.

51) O. S. Ⅱ, 118쪽.

사라지게 되고 만다는 것이다. 포퍼는 이러한 계급투쟁론과 정치 무력론에서 마르크스가 미처 깨닫지 못했던 맹점을 지적한다. 그것은 모든 견제 받지 않는 막강한 힘은 위험하다는 사상이다. 견제 받지 않는 개인의 경제적 힘은 국가의 정치적 힘이 견제하며 (경제적 간섭주의), 국가의 정치적 힘은 피치자에 의해 견제되어야 한다(민주정치제도). 이러한 정치에 대한 온건한 태도는 "정치권력은 하나의 계급이 다른 계급을 억압하기 위해 만든 조직된 힘에 불과"하기 때문에 최종적으로 어떤 정치권력도 폐기되어야 하고 또 폐기될 것이라는 이 낙관론은 역설적으로 과거 그 어느 정치제도보다 더 강력하고 더 중앙집권적인 체제를 낳게 되었다. 계급의 양분화, 정치의 무력화는 오히려 계급의 중앙화, 정치의 집중화라는 엉뚱한 결과를 가져오게 되었다고 보는 것이 포퍼의 견해이다. 이에 대한 그의 대안이 이른바 "점진적 사회공학"이다. 그는 낭만적이고 전체적이며 급진적이고 혁명적인 방법을 유토피아적이란 말과 동일시하며 이를 거부한다. 그에게 있어서 점진적 사회공학이란 비판적 합리주의로서 "내가 틀리고 당신이 옳은지 모른다. 노력하며 우리는 진리에 더 가까이 도달할 수 있을 것이다."[53]라는 태도이다. 점진적 사회공학이란 어느 누구도 완전한 사회구조를 한순간에 이루려 해서는 안 된다는 것이다. 누구나 오류를 범할 수 있으며 그 오류는 타인뿐 아니라 자기 자신에 의해 나타날 수 있기 때문이다. 어느 누구도 최종적 심판일 수 없다는

---

52) 공산당 선언(*The Communist Manifesto*) 참조.
53) O. S. Ⅱ, 238쪽.

태도이다. 하나의 시도는 오류를 낳게 한다. 우리는 그 결과를 겸허하게 수용하면서 또 다른 시도를 한다. 여기에서 요구되는 원리는 이성적 판단에 근거한 논의이다. 포퍼는 이를 이성에 대한 "비판적 합리주의의 신앙"[54]이라고 말한다. 이 신앙은 자신의 이성뿐 아니라 타인의 이성에 대한 존중이기도 하다. 그래서 이러한 비판적 합리주의자는 자신이 타인보다 지적으로 우월하다 할지라도 결코 권위주의적으로 생각하거나 행동하지 않는다는 것이다. 자신의 지적 우위도 알고 보면 타인의 논증을 통해 얻은 것이기 때문이다. 이렇게 타인의 논지에 먼저 귀를 기울이는 한 결코 남을 해하려 하거나 죽일 수 없다. 이런 사회는 과학에 의해서도 합리적 권위에 의해서도 지배되지 않으며 자신의 한계를 인식하며 타인을 존중하며 타인에게 강요하지 않는다. 이런 사회는 오직 합리적 의사소통을 수단으로 하는 인도주의적 사회라 할 수 있을 것이다. 다시 말해서 비합리주의가 반평등주의적이며 반인도주의적 태도와 연계되어 있다면, 합리주의는 인도주의와 깊이 관련 맺고 있다는 것이다. 따라서 합리주의적 인도주의자는 이렇게 말할 수밖에 없을 것이라고 포퍼는 주장한다.

> "내가 주장하는 것은 이성이 아니라 사랑이 지배해야 한다고 가르치는 사람은, 증오에 의해 다스리는 사람에게 길을 열어 놓게 된다는 것이다."[55]

---

54) O. S. Ⅱ, 238쪽.
55) O. S. Ⅱ, 236쪽.

2) 블로흐의 유토피아와 포퍼의 반(反)유토피아의 문제점

① 블로흐의 경우

이제 블로흐의 유토피아 이론과 포퍼의 반(反)−유토피아론에 대한 좀더 신중한 검토에 들어가 보자. 블로흐의 유토피아적 주장은 포퍼의 유토피아에 대한 이해와 어떤 충돌이 일어나는지 또 포퍼의 반유토피아론은 블로흐의 견해와 어떻게 다른지 이를 살펴보고자 한다. 이를 위해서는 블로흐와 포퍼의 유토피아에 대한 견해 차이를 먼저 알아볼 필요가 있다. 블로흐를 유토피아주의자로 부르는 데는 다음과 같은 함의가 따른다.: 현실보다는 이상, 현재보다는 미래, 그리고 보다 나은 삶, 보다 완전한 틀(framework)을 지향한다는 점 등이 그것이다.

블로흐에게 있어서 유토피아는 온갖 긍정적 언어들로 채색된다. 유토피아는 좋은 것이고 보다 나은 것이고 아름다운 것이고 완전한 것이다. 인간이 불만스러운 현실 속에서 꿈꿀 수 있는 모든 무지개 빛 꿈, 그것이 유토피아라는 스펙트럼으로 현재화되고 구체화되고 우리의 눈앞에 화려하게 펼쳐 보인다. 어느 누가 이런 꿈이 없겠는가? 어느 누구인들 이에 대한 동경이 없겠는가? 그러나 문제는 이렇게 인간 내부에 깊이 자리잡고 있는 유토피아적 꿈이 한 개인의 의식의 차원에 머무르지 않고 사회화되고 역사화되는 과정에서 일어나는 부정적 결과들이다. 결국 이러한 유토피아는 자신의 본래 의도와 관계없이 "반(反)유토피아(anti-utopia)"의 면모를 갖게 된다. 여기에서 말하는 반유토피아란 한 개인의 의식적 차원에서의 유토피아성이 사회성을 가지며 동력화될 때 야기되는 사회적 문제이며 동시에 이러한 경향에서 드러나는 "동일화"와 "배제"의 문제이다.56)

유토피아가 본래 현실을 넘어서는 초월적 특성을 지닌다고 할 때, 어떤 유토피아가 자신의 이상적 사회상을 일구어 가는 과정에서 갖게 되는 자기중심적 견해 또는 자기규정적 입장은 역설적으로 반초월적 성향을 갖게 된다. 유토피아가 토마스 모어의 경우처럼 실험 이전의 단계라면 유토피아의 초월성은 그대로 지켜질 수 있을 것이다. 그러나 19세기 이후 근대 유토피아에 이르러 유토피아는 구체적 시도로서 실행의 과정을 겪게 된다. 미래의 상(像)을 현실화하려는 뜻에서 혁명이란 수단이 정당화된다. 볼셰비키 혁명을 비롯한 수다한 공산주의 혁명은 소위 과업을 수행하기 위해서는 초월을 말한다. 그러나 일단 혁명이 성공하게 되

---

56) 이마무라 히토시는 「근대성의 구조」에서 근대 유토피아의 시작을 19세기로 보며 영국의 오웬(R. Owen)이나 프랑스의 생시몽(Saint Simons), 프리에(C. Fourier) 등에 의해 시도된 실험적 유토피아를 근대성의 특징인 어떤 기도(企圖)의 한 현상으로 본다. 이렇게 어떤 특정한 목적 즉 인간 존재와 사회를 근본적으로 변혁시키겠다는 의지는 타자를 자신의 뜻에 끌어들이려는 강요로 나타난다. 여기에서 남을 나의 범주에 넣으려는 "동일화 문제"와 그렇게 되지 않을 때 결국 타인을 "배제시키는 문제"가 발생된다고 말한다.

48

면, 유토피아의 본뜻인 현실 초월성을 계속 지켜나가기보다는 자신들이 성취한 제도를 고수하기 위해 더 이상의 초월을 부정하게 된다. 곧 초월을 역행한다. 이 점에서 그 유토피아는 결과적으로 반유토피아적이 되고 마는 일종의 자기모순을 겪게 된다는 점이다.57) 이 같은 유토피아론의 자기모순적 문제점은 한 개인의 의식적 문제로 그치지 않고 대부분 사회적 모순으로 증폭되어 왔다. 일반유토피아주의자와 마찬가지로 블로흐 역시 예외일 수 없다.

블로흐의 유토피아는 한마디로 직선적 역사관 위에서 건설되는 이상적 국가이다. 미래지향적 시간관, 무엇인가를 지향하는 인간 의식, 이상적 사회를 구체적으로 이 땅에 이루려는 기도(企圖) 등은 그의 저서 「희망의 원리」에서 나타나는 중요한 핵심 사상이라 할 수 있다. 그에게 있어 희망은 미래이며 그 미래는 저 멀리서 일정한 선(lineal)을 타고 다가오는 힘과 같은 것이다. 그것은 추상적이지 않고 구체적인 것이어야 하기 때문에 더욱 그러하다는 말이다.58) 블로흐가 말하는 구체적 유토피아(concrete utopia)는 구체적 시간을 뜻한다.

앞장에서도 언급하였듯이 블로흐의 유토피아의 특징은 그의 시간성에 있다. 장소적 개념으로서의 유토피아를 시간적 개념으로 전환하여 해석한 것이 그의 공헌이다. 토마스 모어가 말하고 지금 여기로부터 저 멀리 떨어져 있는 장소로서의 어떤 섬에 대

---

57) 이 점에 대해서는 제3장에서 칼 만하임과 함께 좀더 자세히 다루기로 한다.

58) P. H, 157쪽.

한 갈망이, 블로흐에게서는 지금 여기로부터 저 멀리 떨어져 있는 시간으로서의 어떤 미래가 된다. 그리고 막연히 기다리는 시간이 아닌 구체적인 시간, 지금 여기에서 체험할 수 있는 시간이라면 그것은 다름 아닌 역사 아니겠는가. 그가 궁극적으로 희망하는 낙관의 기조(基調)는 시간을 바탕으로 하는 세계 곧 역사의 세계이다. 유토피아가 어디에서도 찾을 수 없는(ou-topos)데서 어디에서 찾을 수 있는(eu-topos) 것이 될 수 있는 근거 역시 시간을 믿는 그의 역사관이다. 그는 유토피아의식이라는 아주 강력한 망원경을 통해서 역사를 보려 한 것이다. "역사는 항시 그 차(車) 시간(timetable)을 지니고 있기" 때문이다.[59]

블로흐의 시간에 대한 우선순위는 그의 성서 그리고 예수에 대한 이해에서 더욱 분명하게 드러난다. 그는 바울식으로 해석된 예수의 말을 회복하려 한다. 신약성서 복음서에 나오는 예수가 가리키는 하나님의 나라(막1:15)는 '저 세상'이 아니라 '이 세상'에 관계되는 것이며 그 나라는 또한 사람의 마음 '속'이 아니라 그를 믿고 따르는 자들 '안'(눅17:21)이라고 지적한다.[60] 예수가 가리킨 하나님의 나라는 명상하기 좋은 안락한 곳이나 아니면 사람의 마음속에, 또는 어떤 가시적 장소로서의 공간이 아니라 시간으로 이해되는 나라라는 것이다. 만일 요한의 기록(18:36)대로, 예수가 빌라도 앞에서 말한 하나님의 나라가 이 세상에 속한 것이 아니라고 하면서 초점을 저 세상으로 옮기었더라면 그는

____

59) P. H. 130쪽.
60) P. H. 499쪽.

50

로마의 총독 앞에서 저 세상을 강조하는 비겁함의 알리바이를 꾸며 댄 셈이 될 것이며, 그것이 사실이었다고 한다면 그는 십자가 처형이라는 극형을 피할 수 있었을 것이다. 로마의 통제 아래 있어야 할 이 세상과 무관한 저 세상을 가리키는 사람에게 목숨을 걸 만한 무슨 일이 있겠는가―이것이 블로흐의 해석이다. 그는 좀더 나아가서 예수가 말한 이 세상은 지금 존재하는 현재의 시간(Äon)이며 저 세상은 다가오는 미래의 시간(Äon)과 동의어라는 점을 중시한다. 이 두 세상은 지정학적 이곳저곳으로 대립되는 게 아니라 실제 존재하고 같은 현장에서 시간적으로 이어지는 그런 개념이라는 것이다.[61] 그럼에도 불구하고 "저 세상"이 다가오는 세상[62]으로 해석되지 않고 한 개인의 마음 안에서 이루어지는 어떤 평온한 상태로 간주된 이유는 예수 십자가 처형 이후 바울의 일방적 주장 때문이다.[63] 예수에 의하면 이 세상의 나라는 사탄의 나라(요8:44)였다. 따라서 이 세상이 계속되어야 한다고 말한 적이 없었다. 그는 원칙적으로 무기를 거부하였으나

---

61) P. H. 500쪽.

62) 마태복음 12:32의 이 세상과 저 세상은 in this age와 in the age to come, 즉 이 시대와 다가오는 시대로 번역함이 마땅하다.

63) 바울은 하나님의 나라를, 이 땅에서 이루어야 할 정치적 사회적 제도라기보다 한 개인의 마음 안에서 얻어지는 영(靈)적 상태로 묘사한다. 그는 "하나님의 나라는 성령 안에서 누리는 의와 평화와 기쁨입니다."(로마 14:17)라고 말한다. 이외에도, 로마 6:1-4, 고전 2:15-16, 6:1-11을 참고할 것. 또한 바울의 "정교분리(政敎分離)" 입장은 로마 13:1-7에서 확인된다. 즉 모든 권력은 하나님께로부터 온 것이므로 복종하라는 것이다.

무기를 통해서라도 이루어야 할 새 나라 즉 기존사회의 전복을 통한 혁명적 파국을 설파하였다. 이것이 불로흐가 보는 예수의 종말론이다. 이를 대변하는 핵심 사상을 마가복음 13장에 두고 있다. 예수의 제자들은 마지막 때(시간)를 묻고 이에 대해 예수를 그때를 자세하게 밝힌다. 블로흐는 산상보훈에 나타난 유토피아론을 해석하는 틀로서 이 마가복음 13장의 종말론을 삼는다. 그에게 있어 예수는 시간 유토피아주의자이다.

블로흐는 아우구스티누스의 「하나님의 도성」(De civitas Dei)도 그의 시간적 유토피아관으로 설명하고자 한다. "이 세상"을 급진적으로 혁신시키려는 예수의 본래 의도가 "저 세상"의 문제를 다루는 기관으로서의 교회로 대치되었음에도 불구하고[64] 아우구스티누스는 이 땅에 천국과 같은 새로운 사회를 이루겠다는 강한 이상으로서의 유토피아 사상을 그 책에서 펼쳐 보이려 한다는 것이다. 그에게는 젊은 시절 수용한 마니교 사상에 근거한 이원론적 입장에서 로마를 포함하여 역사 속에 나타난 국가들을 사탄의 나라로 간주한다고 블로흐는 말한다.[65] 이러한 점에서 국가와 타협한 사도 바울과 달리 아우구스티누스는 혁명적 관점에서 지상의 모든 국가들이 파괴됨으로 싹트는 그리스도의 나라의 승리를 묘사한다고 본다.

---

64) 여기에서 블로흐는 초기 예수의 정신과 정치화된 바울의 교회를 대립시켜 설명하고자 한다. P. H. 502-503쪽 참조.

65) P. H. 504쪽. 아우구스티누스가 "하나님의 도성"과 "세상의 도성"을 이원론적 관점에서 대립시키면서 실제로 세상의 도성을 악마적인 것으로 간주했는지에 관해서는 제4장에서 다루기로 하겠다.

블로흐는 아우구스티누스의 이 책이 성서에 바탕을 둔 역사철학서이라는 데 흥미를 갖는다. 아담에서 노아, 노아에서 아브라함, 아브라함에서 다윗, 다윗에서 바벨론 포로, 그리고 예수 탄생에서 최후의 심판, 이와 같은 일반 역사의 과정에서 둘로 나누어질 수밖에 없는 붕괴의 역사와 생명의 역사, 기존의 세상 도성과 하나님의 도성, 이 둘 사이(between civitas terrena and civitas Dei)에서의 긴장 관계 가운데 아우구스티누스는 결정적 상태에 이르게 된다. 그가 플라톤과 같은 이상 국가를 꿈꾸어 왔음에도 불구하고 결국에는 그가 바라는 나라는 기존 세상 "속"에서도, 세상의 "배후"에서도 나타나지 않고 오직 기존하는 세상 "이후"에 등장할 뿐이라는 것이다.[66]

블로흐는 의문을 제기한다. 하나님의 도성(civitas Dei)은 정확한 의미에서 유토피아인가? 이에 대한 대답은 "그렇다"이다. 때때로 이 하나님의 도성이 훌륭한 사회를 만들려는 자들에 의해 정치적 특성을 띠기도 했고 가톨릭교회로 오인되기도 했으나 아우구스티누스의 이상 국가는 인간의 의지나 계획으로부터 동떨어져 있는 그래서 하나님의 은총에 의해서만 가능한 그러한 나라이다. 그럼에도 불구하고 하나님의 도성은 유토피아라고 블로흐는 단언한다.[67] 그에 있어서 초월은 바울의 말대로 이 세상과 무관한 저편의 무엇이 아니라 이 땅에서의 초월이라는 것이다.

---

66) P. H. 506쪽.
67) P. H. 507쪽.

"이것은 확실히 초월을 뜻하긴 하지만 이 땅에 현실로 존재하는 유토피아와 배치되지 않는다. 또 성스러운 사회적 삶(scocialis vita sanctorum)은 역사적이며 이상적 초월이다. 바울의 생각과 달리 …… 이 세상에 새로운 그 무엇을 세우려 했던 아우구스티누스의 초월은 유토피아에 부합된다. 왜냐하면 그 초월은 인간 역사의 창조적 희생과 결속되어 있으며 마주침, 위험 그리고 승리를 내포하고 있기 때문이다. 그러므로 그 초월은 이미 고정된 형태로서의 순수 초월과는 다르다. …… 다시 말해서 하나님의 도성은 기존의 역사가 종말을 고할 때 비로소 유토피아로서 존재한다."68)

블로흐는 아무리 기존의 교회제도가 이 하나님의 도성을 대신하는 것처럼 간주되어 왔어도 실제로 교회의 역사 속에 나타나는 천년왕국설은 오히려 교회 안의 유토피아성을 드러내는 반증이 된다고 생각한다. "지상 위에 하나님의 나라를 건설하자!"는 이 구호는 혁명을 담은 마력적 말로서 교회나 신학보다는 일반 사회에 더욱 큰 영향력을 끼칠 수 있었다. 이같이 블로흐는 기독교적 종말론을 그의 유토피아적 개념 안에서 이해하면서 특히 유토피아적 시간이라는 뜻에서의 종말의식을 전개시키고자 한다. 다시 말해서 블로흐에게 있어서 유토피아는 다름 아닌 유토피아적 시간인 것이다.

칼 마르크스(K. Marx)가 비판하는 대로 유토피아는 공상적 사회주의자들(생시몽이나 프루동 같은)의 전유물이 되어서는 안 된다는 것이 블로흐의 입장이다. 유토피아적 사상이 추상적 낭만

---

68) P. H. 508쪽.

적 경향을 벗어나지 못한다고 할 때 이에 대한 대안으로 구체적이고 현실적인 유토피아를 추구하려는 것은 어찌 보면 당연하다 하겠다. 이런 점에서 블로흐는 구체적 유토피아를 말하려고 하는 것이다. 그리고 이를 구체적 현실에서 이루고자 했으며 이러한 이유에서 그는 역사와 시간에 집착했다. 이 점이 블로흐의 강점이면서 동시에 취약점이 되었음은 그 역시 유토피아주의자의 한 사람으로서 유토피아주의의 문제로부터 결코 자유롭지 못하게 되었기 때문이다.

마르크스가 19세기 초반의 프랑스 사회주의자들을 유토피아주의자로 비판하면서 그 자신을 구별 짓고자 했음에도 불구하고 또 하나의 유토피아주의자로서 간주될 수밖에 없었고, 바로 이 사상을 추종했던 소위 정통 마르크스주의자들을 비판하면서 그 자신을 구별 짓고자 했던 블로흐 역시 결국 유토피아주의의 틀을 벗어나지 못했다고 할 때 이러한 결과는 왜 반복되는가? 그것은 유토피아란 말이 지닌 개념의 모호성 때문이다. 유토피아는 그것에 대한 정의를 내리는 순간 더 이상 유토피아일 수 없다는 유토피아의 특성이 그것이다. 다시 말해서 유토피아가 실현되면 그것은 더 이상 유토피아가 아니라는 말이다. 유토피아가 가시적 현상으로 현실화될 때 이때부터 유토피아는 새로운 결함이 나타나기 때문에 결국 새로운 구상으로 대체될 수밖에 없게 되는 것이다. 칼 만하임에 따르면 유토피아란 항상 현실과의 결별이다. 모든 것이 굳어져 있고 사람을 톱니바퀴 속에 가두는 현실로부터 떨어짐으로 유토피아가 등장한다.[69] 그럼에도 불구하고 유토피아는 결코 현실로부터 단절되지 않는다. 이것이 유토피아의 이중적 모호성이다.

즉 유토피아는 현실과 떨어져야 하며 동시에 결부되어야 한다는 이중성을 포기하고 현상 고착적으로 될 때, 유토피아는 "이데올로기"가 되어 권력과 지배를 정당화하게 한다. 그리고 그 정당화의 합리적 과정 그 한가운데 역사가 자리잡고 있다. 왜 역사를 말하려 하는가? 역사를 통해서 무엇을 주장하려 하는가? 상기(上記)의 유토피아를 지향하는 역사는 역사의 우상화이다. 왜냐하면 자연이 신성화되듯, 그때의 역사 또한 신성화의 길을 밟게 되어 있기 때문이다. 자연의 신성화를 우상파괴(iconoclasm)로 맞서듯 역사의 신성화 앞에 같은 파괴의 태도가 요청된다. 자연의 신성화 때문에 인간이 비인간화되듯 역사의 신성화 역시 인간을 비인간화한다. 이 점을 간과하지 않고 통찰한 사람이 발터 벤야민(W. Benjamin)이었다. 그는 그의 유고집 「역사철학 테제」에서 역사주의를 비판한다. 그 비판에는 문화사적 역사관에 대한 비판이 내포되어 있다. 벤야민에 의하면 문화유산이란 역사에서 승리한 지배계급의 전리품이고, 또 이 전리품으로서의 문화개념은 역사에서 짓눌리고 패배한 자들의 고난과 구원의 몸짓을 조금도 고려하지 않고 있다.[70] 이리하여 "야만의 기록이 없는 문화란 있을 수 없다."[71]는 것이다. 그렇기 때문에 결에 거슬러서 역

---

69) 칼 만하임, 앞의 책, 58쪽.

70) 반성완 편·역, 「발터 벤야민의 문예이론」, (서울: 민음사), 385쪽.

사를 솔질해야 한다고 말한다. 진보의 폭풍은 천사로 하여금 등 돌리고 있는 미래 쪽을 향하여 떠밀게 함으로써 야만의 역사에 의해 쌓여지는 파국의 잔해물들을 불러 일깨우고 또 산산이 부서진 것들을 모아서 다시 결합시키려 해도 결국에는 그 바람 때문에 그의 날개를 꼼짝달싹 못하도록 한다는 것이다. 게르솜 숄렘(Gershom Scholem)이 말한 대로 "나의 날개는 날 준비가 되어 기꺼이 되돌아가고 싶었지만"[72] 미래로 떠밀려 가게 하는 진보의 폭풍 때문에 그저 과거를 두 눈으로 응시하며 안타까워할 수밖에 없는 상황, 그래서 1848년 3월혁명 때 파리의 여러 시계탑에는 총격이 가해졌고 당시의 증인은 이렇게 기록에 남겼다고 한다. "누가 믿을 것인가? 들리는 말에 의하면 모든 시계탑 밑에 서 있던 새로운 여호수아가 마치 시간이 못마땅하기라도 하듯이 시계판에 총을 쏘아 시간을 정지시켰다고 한다."[73] 벤야민은 이를 "역사의 연속성을 폭파시키고자 하는 의식"[74]이라고 규정하면서 역사주의의 진부한 역사 낙관론 미래지향 사관을 강한 어조로 비판하는 것이다.

"그에게 있어 역사라는 구조물을 형성하는 것은 한결같이 흘러

---

71) 같은 책, 347쪽. (역사철학테제 7).

72) 유대교 신비주의자로서 발터 벤야민에게 영향을 끼친 친구이다.

73) 역사철학테제 15에서 인용한 글로, 이 말은 구약성서 여호수아기 10장에 나오는 내용으로서 여호수아가 아모리 사람들과 전투를 벌일 때 태양으로 하여금 아얄론 골짜기의 중천에 머물러 있도록 한 일을 비견하여 재해석한 것이다.

74) 역사철학테제 13.

가는 지속적 시간이나 동질적 시간도 아니고 아무런 실체가 없는 공허한 시간도 아니다. 그것은 또한 역사주의적 역사관이 생각하고 있는 연속적 시간이나 과거의 영원한 이미지도 아니고 또 사회민주주의적 역사관이 믿고 있는 미래 낙관론적 진보의 시간도 아니다. 벤야민이 생각하는 역사의 시간은 과거역사의 동질적 시간의 연속성을 폭파하는 "희미한 메시아적 힘에 충만된 현재시간(Jetztzeit)"이고 또 "미래의 낙관론적 시간을 파괴하고 언제라도 나타나 과거의 역사를 공정하게 심판할 메시야적 시간이다."[75] 이것이 역사 우상화에 대한 파괴가 아니고 무엇이겠는가?

역사주의의 위험성을 누구보다도 강한 어조로 말한 칼 포퍼는 역사의 의미를 되물으면서 칼 바르트(K. Barth)의 글을 인용한다. "예수는 수난을 받는다. 그러므로 그는 정복하지 않는다. 그는 승리의 개선가를 부르지 않는다. 그에겐 성공이란 없다. …… 그는 십자가에 못 박히는 것 이외에는 아무것도 성취하지 못했다. 같은 이야기를 그의 제자들과 다른 사람들과의 관계에 대해서도 할 수 있을 것이다."[76] 포퍼는 기독교가 역사에 관심을 가지고 역사적 신(神)으로서 고백하게 된 데는 기독교의 정치화, 종교의 세속화가 그 안에 도사리고 있다고 본다. 사람들의 관심은 권력에 대한 숭배이며 이것처럼 분명한 우상숭배는 없다는 것이다.

"하나님이 역사 속에 자기 자신을 계시하며, 역사는 의미를

---

75) 반성완, 앞의 책. 386쪽.
76) O. S. Ⅱ, 272-273쪽. K. Barth의 Credo(1936) 78쪽에서 인용한 글.

지니고 있으며, 그 의미는 신의 목적이라는 기독교 교리를 뒷받
침해 줄 만한 내용이 신약성서 어디에도 없다. 그럼에도 불구하
고 역사에 의미가 있다는 역사주의는 기독교의 필수 요소로 주
장되어 왔다. 그러나 나는 이를 받아들이지 않는다. 이 견해야말
로 두말할 나위 없는 우상숭배이며 미신이라고 여겨진다. 이것
은 합리주의자나 인도주의자의 관점에서뿐 아니라 기독교 자체
의 관점에서 볼 때도 그렇다."[77]

포퍼는 유신론적 역사주의를 이렇게 비아냥대며 우화적으로
표현한다.

"역사주의는 역사를 하나의 연주무대로, 차라리 일종의 기다란
셰익스피어의 희곡으로 본다. 그리고 그 관람객은 <그 위대한 역
사적 인물들>이나 추상적인 인류를 그 연극의 주인공들이라고 마
음속에 생각한다. 그리고선 이렇게 그들에게 묻는다. '이 극본은
누가 썼는가?', '하나님이 썼다'고 대답하면, 그것은 훌륭한 대답
이라고 그들은 생각한다. 그러나 이것은 잘못된 이야기다. 그러한
그들의 대답은 오히려 하나님을 모독하는 행위이다. (그들도 아
는 바와 같이) 그 극본은 하나님이 쓴 것이 아니라, 장군 등과 독
재자들의 감독 아래서 역사학 교수들이 쓴 것이기 때문이다."[78]

우리는 다시 블로흐가 말하는 「하나님의 도성」으로 되돌아갈
필요가 있다. 아우구스티누스에 있어서의 시간, 그의 역사관은 과

---

77) O. S. Ⅱ, 271쪽.
78) O. S. Ⅱ, 271쪽.

연 어떠했는가? 블로흐는 어떤 의도에서 아우구스티누스를 언급하였는가? 블로흐는 이 세상의 역사 안에서 하나님의 도성을 이룰 수 있다는 믿음의 체계를 가진 역사철학자로서 아우구스티누스를 이해한다. 블로흐가 아우구스티누스의 「하나님의 도성」을 유토피아로 보는 이유는 다음 몇 가지로 요약된다. ① 하나님의 도성은 완전한 국가에 대한 꿈이다. ② 그 꿈은 이 세상과 무관한 저편이 아니라 이 땅에서의 이상국(理想國)이다. ③ 아우구스티누스의 초월은 역사적 유토피아적 초월이다. ④ 따라서 「하나님의 도성」은 유토피아이다. 이와 같이 블로흐는 아우구스티누스의 「하나님의 도성」을 유토피아로 입증해 내려 하였다. 블로흐에게서의 유토피아의 조건은 ① 인간 내부의 꿈, ② 이 땅에서의 실현 의지, ③ 시간과 역사로 다가오는 완성을 의미한다. 그러나 아우구스티누스의 종말론을 일종의 유토피아론적 차원에서 해석하는 것이 적합한 것인가 하는 문제는 아우구스티누스 연구에서 쉽게 결론이 나지 않는 기독교 역사만큼이나 오래된 논쟁의 쟁점이 되어 왔다.

아우구스티누스 연구가 에드워드 하디(E. R. Hardy)는 「하나님의 도성」에 나타나는 모호성을 강조하면서 어쩌면 이 때문에 그의 작품이 더 위대하고 포괄적인 책이 되었다고 한다.[79] 그가 지적하는 모호한 점이란 인간 사회에 대한 아우구스티누스의 분석이 형식상으로는 이중적이지만 실제적으로는 삼중적이라는 것이다. 하나님의 나라가 사탄의 나라와 대립해 있다. 그러나 하나

---

79) R. W. Battenhouse, *St. Augustine of Hippo*, 현재규 역, 「아우구스티누스」, (서울: 크리스챤 다이제스트), 337쪽.

님의 나라가 인간의 이 세상 나라와 반드시 대립되는 것은 아니다. 로마제국이 그 모든 결함에도 불구하고 악마적으로 간주되지 않는다. 그에게 있어서 하나님의 나라와 지상의 나라, 하나님의 평화와 세상의 평화는 서로 대립되는 이원론적 대립구도가 아니라는 것이다. 아우구스티누스의 관심은 하나님의 나라의 개입과 예시로서의 지상의 나라에 있다. 이와 같이 역사에 대한 하나님의 개입도 마찬가지로 볼 수 있다.[80] 우리가 현실적으로 경험하는 역사를 하나님의 역사로 일치시키지 않는다. 그렇다고 해서 그가 한때 몰입했던 마니교의 역사관처럼 하나님과 대립하는 구도도 아닌 것이다. "아우구스티누스는 이 대립된 두 견해 사이에 있는 팽팽한 줄을 좌로나 우로나 치우침이 없이 조심스럽게 걸어간다."[81] 그의 이러한 견해는 유대 기독교적 메시아 대망 사상과 헬라적인 신왕정(divine kingship) 사상이 혼합된 것으로 나중엔 기독교 시대(tempora christiana)를 정당화시키는 신학으로 변모되어 가는 것과 일치하지 않음을 뜻한다. 이 견해는 결국 하나님의 도성을 기독교 제국(로마제국)과 동일시하는 것을 의미하기도 하기 때문이다. 동시에 그는 묵시 문학적 또는 도나티스트적인 견해에도 반대하여 하나님의 도성과 지상의 나라를 경험적

---

80) '하나님의 도성'과 '지상의 도성'이 역사 안에서는 서로 혼합되어 있다는 아우구스티누스의 이중성은 그의 교회론을 통해 드러나는데 이는 당시 소아시아에서의 몬타니즘(Montanism)과 북아프리카에서의 도나티스트(Donatist) 운동의 영향이라고 할 수 있다. 그러나 결국에는 이들의 견해와 달리하게 된다.

81) 선한용, 「시간과 영원」, (서울: 성광문화사, 1986), 152쪽.

으로 역사적으로 갈라놓기를 거절한다. 왜냐하면 역사 안에서는 이 두 도성이 모호하게 혼합되어 있기 때문이다.[82] 아우구스티누스적 유토피아는 양립할 수 없는 배타성에도 불구하고 공존하는 "모호성"[83]으로서의 유토피아적 성격을 지니고 있다. 기독교적 입장에서 보면 아우구스티누스의 유토피아는 시간과 역사의 신성화를 초월하려는 유토피아이다. 이는 구약시대 이스라엘 예언자들의 기본 정신인 우상파괴주의(iconoclasm)와 부합된다. 그러나 그것은 동시에, 역사를 하나님과 대립하는 악마적인 것으로 보지도 않는다. 아우구스티누스를 철저한 유토피아주의자로 보는 바아니안(G. Vahanian)은 「하나님과 유토피아」에서 기독교 유토피아의 특성을 이렇게 밝히고 있다.

> "유토피아는 그것을 정의 내리는 순간 유토피아가 아닌 다른 어떤 것이 끼어든다. 꿈속에서만 유토피아는 진실을 말한다. 그러나 그것이 꿈이 되는 순간 유토피아는 거짓말이 되고 만다.[84]

유토피아가 역사에 실현되면 그것은 더 이상 유토피아가 아니다. 이것은 새로운 결함으로 나타나기 때문에 유토피아는 새로운 구상으로 대체될 수밖에 없다.[85] 그러나 이러한 아우구스티누스

---

82) 같은 책, 152-153쪽.

83) 이 모호성에 관해서는 제4장에서 다룰 것이다.

84) G. Vahanian, *Dieu et L'utopie*, 양명수 역, 「하나님과 유토피아」, (서울: 성광문화사, 1991), 65쪽.

85) 같은 책, 68쪽.

의 모호한 입장을 블로흐는 받아들이지 않는다.

이렇게 시간과 역사라는 현실에서 구체적으로 실현되는 유토피아를 주장하기 위해서 그의 유토피아론을 펼쳤던 블로흐는 그의 본뜻과는 관계없이 유토피아의 이데올로기화(化)라는 우(愚)를 범했다고 말할 수 있다. 블로흐의 아우구스티누스 곡해(曲解)는 이것과 관련되어 있다. 이렇게 이데올로기화되어 가는 유토피아의 위험성을 예리하게 지적한 이가 칼 포퍼였다.

② 포퍼의 경우

유토피아가 그 입장을 견지하면 할수록 역으로 반유토피아적이 된다는 것이 포퍼의 주장이다. 빛이 강하면 강할수록 그 어두움과 그림자가 더욱 진하다는 말로 비유될 수 있다. 즉 유토피아는 디스토피아(dystopia)로의 과정을 초래할 수밖에 없다는 것이다. 이러한 견해를 뒷받침하는 말이 전체주의로 드러나는 유토피아주의의 문제점이다. 유토피아를 이루기 위한 유토피아적 공학이라는 사회변혁 프로그램은 기존사회를 개량하기는커녕 오히려 그 사회를 지배와 억압의 구조로 만들게 된다는 것이다. 이것이 이른바 그의 "닫힌사회론"이기도 하다.

포퍼는 유토피아 사회를 닫힌사회로 일컫는다. 그리고 이에 대한 대안으로 "열린사회론"을 제시한다. 기존의 사회에 대한 대안으로 유토피아 사회를 말한다면 이에 대한 대안 즉 대안에 대한 대안이 곧 열린사회이다. 그에 의하면 마술적 사회나 부족사회, 또는 집단적 사회가 닫힌사회(closed society)인 반면 개개인이 개인적인 결단을 내릴 수 있는 사회가 열린사회(open society)이다.[86) 닫힌사회는 하나의 사회를 생물학적 이론의 기조 아래 보고자 하는 일종의 유기체론이 적용되는 사회로서 사람과 사람의 관계가 노동의 분업이나 상품의 교환과 같은 추상적인 관계에 의해서 상호 관계하는 것이 아니라, 만져 보고 냄새 맡고 바라보고 하는 구체적인 육체적 관계에 의해 맺어진 사회이다. 이런 사회에서는 그 사회를 유지하는 기본 틀이나 제도가 신성불가침의 존재가 되며 구성원들 사이의 자리다툼이 일어날 수 없다. 유기체의 세포나 조직은 영양분을 얻기 위해 경쟁할는지 몰라도 다리가 머리가 되려 한다든지 몸의 어느 다른 부분이 배가 되고자 하는 일은 없을 테니 말이다.[87)

이에 비해 열린사회는 유기체적 특성이 배제된 사회로서 이른바 추상적 사회(abstract society)이다. 이 사회는 인간 상호간의 직접적인 접촉이 거의 없는 비인격적 사회라 불릴 수 있으며 따라서 생물학적 욕구 충족의 차원에 머무르지 않고 새로운 신념에서 비롯되는 자유와 형제애가 보다 중시된다. 이 새로운 신념은 다름 아닌 이성이다.[88) 사람들은 여전히 실제적인 집단을 형성하고 여기에서 자신의 정서적 사회적 요구를 충족시키려 한다.

---

86) O. S. Ⅰ, 173쪽.
87) O. S. Ⅰ, 174쪽.
88) O. S. Ⅰ, 184쪽.

그러나 운이 좋은 몇몇 가족집단을 제외하고는 만족할 만한 결과를 가지지 못할 수 있다. 따라서 현대사회에서 대부분의 사람들은 친밀한 인간적 접촉을 거의 갖지 않거나 익명과 고립 속에서 불행을 느끼며 살지 않을 수 없다. 왜냐하면 사회는 비록 추상화되었다 하더라도 인간의 생물학적 구조는 크게 변하지 않았기 때문이다. 그럼에도 불구하고 생물학적 유기체 수준의 닫힌사회로부터 개인의 자유로운 선택으로 결정되는 열린사회에로의 전환은 이미 시작되었다고 포퍼는 주장한다. 이러한 현상은 우리가 원하던 원치 않던 분명히 인류가 겪은 가장 큰 변화이다. 이 변화를 포퍼는 위대한 혁명(great revolution)[89]이라 부른다. 이러한 위대한 혁명의 첫 신호를 그는 아테네의 민주주의에서 찾는다. 당시 우세를 떨쳤던 통제된 스파르타 과두 정치의 부족주의, 반인도주의, 반보편주의, 지배주의, 전체주의와 맞서 싸운 펠로폰네소스 전쟁은 인류사에 위대한 공헌을 남겼다고 말하는 것이다. 플라톤의 「국가」가 쓰이기 반세기 전에 행해진 페리클레스(Pericles)의 유명한 추도 연설은 이러한 사상을 뒷받침한다.

"우리의 행정은 소수 대신에 다수를 옹호한다. 이것이 민주주의라 불리는 이유이다. …… 우리는 탁월한 자의 주장을 무시하지 않는다. 어떤 시민이 뛰어나면 그는 다른 사람 앞에서 국가에 봉사하도록 요청된다. 그러나 그것은 특권으로서가 아니라 그의 장점에 대한 보상으로 그의 장점에 대한 보상일 뿐이다.

---

89) O. S. Ⅰ, 175쪽.

······ 우리 국가는 세계에 개방되어 있다. 우리는 결코 외국인을 추방하지 않는다. 우리는 우리가 좋아하는 대로 살 수 있는 자유가 있으며, 그렇지만 언제나 위험에 대처할 준비가 되어 있다. ······ 비록 소수의 사람만이 정책을 발의할 수 있다 해도, 우리 모두는 그것을 비판할 수 있다. 나는 아테네는 그리스 세계의 학교라고 주장한다."[90]

포퍼는 말한다. 이러한 페리클레스의 말은 단순한 아테네에 대한 찬사가 아니라 위대한 세대의 정신을 표현한 것이라고 강조한다. 그 나라는 그리스 세계의 학교가 되었을 뿐 아니라, 과거 몇천 년 동안 그리고 앞으로 올 몇천 년 동안 인류의 학교가 되었다고 말한다.[91] 그는 재차 강조한다. 철학 자체의 발생은 닫힌사회와 그 사회의 마술적 신념의 붕괴에 대한 하나의 반응으로 해석될 수 있다고. 그리고 그것은 상실된 마술적 신념을 합리적인 신념으로 대체하고자 하는 시도라고. 포퍼가 말한 열린사회, 위대한 혁명, 대전환 등은 오직 하나 인간 이성에 대한 신념으로 귀일(歸一)된다. 그는 스승 소크라테스에 대한 플라톤의 배반을, 이성에 대한 적의(敵意), 가슴을 설레게 하는 감정주의 등으로 표현한다. 플라톤의 사회학적 진단이 우수했을지라도, 그 자신의 발전과정은 그가 대항해서 싸우고자 했던 악(惡)보다도 그가 추천했던 치료법

---

90) 이 내용은 플라톤이 출생하기 몇 년 전의 연설문으로서 투키디데스가 전해 주었다고 한다. *Thucydides* Ⅱ. 37–41쪽. O. S. Ⅰ, 186–187쪽에서 재인용.
91) O. S. Ⅰ, 187쪽.

이 더 나쁘다는 것을 증명해 보인다고 비판한다. 우리는 결코 소위 닫힌사회의 순진함과 아름다움으로 되돌아갈 수 없다는 것이다. 천국에의 꿈은 지상에서는 실현될 수 없다는 것이다.

> "지식의 열매(the tree of Knowledge)를 먹은 자는 천국을 잃어버린 것이다. 우리가 부족주의의 영웅적 시대로 되돌아가고자 하면 할수록 우리는 종교재판에, 비밀경찰에, 낭만화된 폭력행위에로 가는 것이 더욱 확실해진다. 이성과 진리를 억압하는 것으로 시작하기 때문에, 우리는 인간적인 모든 것을 가장 야만적이고 포악한 파괴로 끝내고 말 것이 확실하다. 자연의 조화된 상태로 되돌아갈 수 없다. 만약 우리가 되돌아간다면 우리는 길 전체를 다 가야만 한다. …… 우리는 금수(禽獸)로 돌아가야 한다."[92]

포퍼는 비판적 합리주의자(critical rationalist)답게 인간 이성에 최대의 가치를 부여한다. 그가 말하는 닫힌사회와 열린사회의 기준, 다시 말해서 닫힘과 열림의 기준은 이성이다. 이것은 이성적이냐 비이성적이냐 또는 독단적 이성이냐 비판적 이성이냐의 문제이기도 하다. 또한 인류 역사를 닫힌사회와 열린사회의 투쟁으로 보고 닫힌사회의 비합리성, 급진성, 폭력성의 배후에는 소위 유토피아주의가 자리잡고 있다고 간주한다. 따라서 이러한 비합리적이고 급진적이고 폭력적 유토피아주의와 맞서 싸우는 것을 제일의 과제로 삼는다. 그가 주장하는 유토피아주의는 합리적 근거와 무관한 어떤 이상(理想)에 대해 절대적 가치를 부여하며

---

92) O. S. Ⅰ, 200-201쪽.

이러한 절대성에 동조하지 않는 세력에 대해서 이성적이고 관용적인 태도를 가지기보다는 폭력을 통해 파괴하려 함으로써 그 결과, 사회의 폐쇄성을 자초하게 된다는 것이다. 또한 유토피아주의가 주장하는 유토피아적 미래도 예언적으로 결정되어 버린 것으로서 현실의 문제를 객관적으로 보지 못하게 함으로 유토피아주의가 언뜻 미래를 지향하는 것 같으나 결국에는 폐쇄된 미래를 안겨줄 뿐이다.[93] 환언하면 유토피아주의는 공간적, 시간적 폐쇄를 조장한다는 논박이다.

이제 그가 말하는 열린사회론에 대해 상고해 보기로 하자. 이 개념을 처음 도입한 사람은 프랑스의 철학자 앙리 베르그송(Henry Bergson)으로 「도덕과 종교의 두 원천」(Les deux sources de la morale et de la religion, 1932)에서였다. 그에 의하면 "닫힌 사회에서 그 구성원들은 다른 사람들에게 전혀 무관심한 채로 자기들에게만 관심을 기울인다. 그러면서 항상 다른 사람들을 공격하려고 하며 다른 사람들로부터 방어하려고 한다. 말하자면 전투적인 태도에 갇혀 있는 것이다.[94] 이와 달리 열린사회는 인간의 본성에 기초해 있지만 본성이 지성에 의해서 다듬어지고 인간 본성의 직관적 인식과 정동(情動; emotion)에 힘입어 자연스럽게 발현되는 사회이다. 따라서 닫힌사회가 항상 정체되어 있고 변화와 발전에 닫혀 있다면, 열린사회는 변화에 개방되어 있고 전진하

---

93) K. Popper, 「추측과 논박」, 이진우 역.

94) H. Bergson, *Les deux sources de la morale et de la religion*, (Paris: PUF, 1984), 1201쪽.

는 사회이다. "열린사회는 본질적으로 인류 사회를 품에 안고 있는 사회이다. 이 사회는 인류의 엘리트들이 종종 꿈꾸어 오던 사회로서 그때까지 극복하지 못했던 어려움들을 극복할 수 있는 창조적인 일들이 자주 일어나는 사회이다.[95]

칼 포퍼는 「열린사회와 그 적들」 1권 각주에서 베르그송의 '열린사회'와 자신의 것 사이의 유사점과 차이점을 이렇게 말한다.

> "베르그송이 이 말을 사용하는 방식과 내가 이 말을 사용하는 방식 사이에는 상당한 차이점이 있지만 역시 유사점도 있다. 중요한 차이점이란, 내가 이 말들로서 합리주의적 구분(rationalist distinction)을 지시하려고 하는 반면, 베르그송은 어떤 종교적 구분(religious distinction)을 염두에 두고 있는 것이다. 그러므로 베르그송은 열린사회를 신비적 직관의 산물로 보고자 하는 반면, 나는 신비주의를 열린사회의 합리주의적 반동으로 해석한다."[96]

이 자리에서 베르그송의 열린사회와 포퍼의 열린사회를 비교 평가한다는 것은 별로 중요하지 않을 것이다. 그러나 베르그송이 말하려하는 열림의 특성은 여전히 지금까지 간과할 수 없는 중요한 것으로 여겨지기 때문에 살펴볼 필요가 있다. 베르그송에게 있어서의 열림과 닫힘의 관건은 그 사회의 기반이 되는 도덕의 성격에 달려 있다. 열린사회는 역동적 도덕(la morale dynamique)을 닫힌 사회는 정태적 도덕(la morale statique)을 기반으로 한다. 정태적

---

95) 같은 책, 1202쪽.
96) O. S. I, 202쪽.

도덕의 특징은 책무적이고 습관적이고 자위적인 데 반해 역동적 도덕은 자발적, 직관적, 진보적이다. 그런데 후자의 이러한 특성은 인간의 내면에 있는 신(神)을 닮은 인간성(l'humanité divine)에 기반을 둔 생명의 부름(l'appel de la vie)과 동경(aspiration)에 근거한 것을 말한다. 즉 사람들이 좀더 높은 가치를 실현하기 위해서 그들의 내면에 있는 신적인 본성에 어떤 감동을 받고 저항할 수 없는 힘에 이끌려 도덕적 행위를 하는 것이다.[97]

"한 사회가 기존의 사회적 풍습, 사상, 제도에 고착되어 있을 때 나타나는 현상이 정태적 도덕의 요구이며 이에 대한 강제적 성격"[98]은 사회는 구성원들을 억압하며 구성원은 이에 저항한다. 그러나 역동적 도덕의 사회에서는 사람들이 아무런 강제력을 느끼지 않으며 그들의 내면에서 어떤 생명의 떠미는 힘을 직관적으로 인식하며 자발적으로 어떤 행위를 하게 된다. 이때의 도덕은 "압력으로서가 아니라 매력으로 간주된다."[99] 그런데 중요한 사실은 베르그송에 있어서 정태적 도덕과 역동적 도덕 사이에는 질적인 차이가 있는데 정태적 도덕이 발달해서 역동적 도덕으로 되는 것이 아니라 이 둘은 서로 다른 기반 위에 서 있으며 근본적으로 다르다는 것이다. 그러므로 정태적 도덕에서 역동적 도덕으로 되려면 그 사이에 어떤 약동(élan)이 필요하다.

---

97) 이 부분은 김성민의 논문, "앙리 베르그송의 철학과 생명의 목적", (한국기독교연구원 심포지움에서 발표, 1999년 2회 가락재 모임), 6쪽을 참고.

98) H. Bergson. 앞의 책, 1204쪽.

99) 같은 책, 1017쪽.

베르그송의 기조에 따르면, 한 사회가 폐쇄성에서 개방성으로 나아가게 되는 계기는 이성이라기보다 오히려 감수성(sensibilité)이나 정동(émotion) 등 감성적 요소가 된다. 그리고 이것들이 인간의 지성을 한 발자국 앞으로 나아가게 한다는 것이다. 그는 도덕과 마찬가지로 종교도 정태적 종교와 역동적 종교로 구별하여 후자는 지성보다 상위에 있는(supra-intellectuelle) 상태로서 "생명을 더 높고 복잡한 경지로까지 나아가게 하는 것은 외적 요인에 의해서 생겨난 기계적 작용 때문이 아니라, 오랜 세월 동안 여러 사람들 속에서 움이 트고 싹이 돋으면서 전해진 내면적 떠밀음(une pousée interne) 때문"이라고 말한다.[100] 정태적 종교가 인간의 지성과 밀접한 관련 속에 있다면 역동적 종교는 생명의 약동과 밀접하게 관련 맺는다. 그리고 이 생명의 약동(élan vitale)은 지성의 한계나 지성의 해체에 대한 대항이나 해결을 위한 인간 본성의 방어적 작용의 차원을 넘어서 생명의 본질에 대한 직관(intuition)에서 비롯된다. 결국 베르그송이 말하는 개방성은 이성의 한계(닫힘)를 열게 하는 수직적 개방이라 하겠다.

포퍼가 말하는 "개방사회론"이란 유토피아주의가 지닌 급진성과 폭력성의 위험을 비판하고 점진적 사회공학을 대안으로 하여 이성을 중시하는 비판적 합리주의를 주장함으로써 닫힌사회에서 열린사회로 나아가도록 하는 시도이다. 그럼에도 불구하고 그가 말하는 개방사회의 관건이 되는 "비판적 합리주의"는 포퍼가 비

---

100) 같은 책, 1017쪽.

판하는 이데올로기의 또 다른 형태가 될 수 있는 위험성을 지닌
다. 유토피아주의를 비판하는 이유가 한편으로는 초월을 주장하
면서 다른 한편으로는 초월을 저해하는 자기모순 때문이라고 할
때, 그러한 자기모순은 포퍼 자신의 논리에도 해당된다. 포퍼의
주장에는 이미 이데올로기적 가치로서 이성이 전제되어 있다고
볼 수 있다. 어떤 논의나 대화 없이 무조건적으로 선택한 이 가
치를 일방적으로 옹호하며 그 반대 입장을 공격한다면 이것이야
말로 또 다른 형태의 이데올로기가 아니겠는가? 가장 근본적인
태도에 대해서조차도 독단적인 입장을 취하지 않고 회의주의적
인 태도를 취하고자 하는 포퍼도 "민주주의" 또는 "자유주의"라
는 가치에 대해서는 자기비판적이지 못하고 있다. 어떤 것도 비
판으로부터 면제될 수 없다는 기본 입장에서 몇 가지 예외가 인
정되는 것이다. 여기에서 포퍼의 한계가 드러난다.

마르쿠제(Marcuse)[101]가 말한 대로 정치적으로 민주주의를 표
방하고 있는 후기 자본주의사회가 사실은 가장 효과적인 방법으로
평화와 자유의 가능성을 억압하는 사회일 수 있다. 또한 하버마스
(Habermas)[102]가 지적한 대로 현대는 기술관료적 이데올로기의
사회이기도 하다. 이러한 신종 이데올로기는 합리화의 이름으로
사회 구석구석을 파고든다. 이같이 현대사회에서 이성과 합리화의
이름으로 일어나는 허구성과 병리성에 대해 포퍼는 아무런 답을

---

101) H. Marcuse, *Five Lectures*, (Boston: Beacon Press, 1970), 86쪽.
102) 김득룡, "현대사회의 병리, 기술관료적 이데올로기의 분석", (동서
　　문화 연구 1호, 1990) 참조.

하지 못한다. 그가 진부한 보수주의자로 해석될 수밖에 없는 이유가 여기에 있다. 따라서 그가 강조해 온 이성은 기존의 사회체제에 무비판적으로 봉사하게 되고 결국은 수단에만 골몰한 나머지 수단주의 즉 '도구적 이성'으로 타락하게 될 소지를 안고 있다.[103] 이렇게 하여 이성이 수단화됨으로 이성적으로 열린사회로 가는 변화를 이성 스스로가 가로막고 있는 자기모순이 일어난다. 포퍼의 개방사회론은 또 다른 형태의 보다 나은 사회로 가는 문을 오히려 빗장 걸게 하는 결과가 된다는 책임을 면하기 어렵다.

과연 어떤 사회가 열린사회인가? 유토피아주의의 폐해 때문에 유토피아적 상상력마저 적이 되어야 하는 사회는 진정한 열린사회라고 말할 수 없을 것이다. 이것이 반유토피아주의의 문제점이다. 유토피아주의가 한 사회를 디스토피아의 상태로 빠트리게 할 위험성이 있다면 마찬가지로 반유토피아주의 또한 같은 상태의 위험이 있다. 유토피아주의나 반유토피아주의는 둘 다 사회의 문제를 단면적으로 파악함으로 그 한계를 드러낼 수밖에 없었다.

이제 유토피아와 반유토피아의 문제는 어느 하나를 강조하기 위해 다른 하나를 포기함으로써가 아니라 서로를 마주보게 함으로써 그 본뜻을 회복할 수 있다고 본다. 진정한 유토피아는 유토피아주의의 문제점을 직시해야 하며 반유토피아도 반유토피아주의의 자기모순을 시인해야 할 것이다. 보다 나은 사회에 대한 열망은 어느 한쪽의 구도에만 속한 것이 아니기에 더욱 그러하다.

---

103) 신중섭, 「포퍼와 현대의 과학철학」, (서울: 서광사, 1992), 290쪽.

제3장 이데올로기에서 새로운 유토피아로

1) 이데올로기의 문제

유토피아를 꽃피운 시대로 19세기를 말할 수 있다면 20세기는 이데올로기의 종말과 함께 유토피아의 종말로 이어진 시대라고 일컬어 왔다. 과연 유토피아는 이데올로기와 그 명맥을 같이하다가 그와 더불어 그 생명을 상실하고 마는 것인가? 만일 유토피아의 종말이란 말에 대해 어떤 반론을 제기하는 사람이 있다면 그는 먼저 이데올로기의 문제를 다루어야만 할 것이다.

이데올로기라는 말을 제일 먼저 사용한 사람은 프랑스의 계몽주의 철학자인 트라시(Destut de Tracy)였다.[1] 그에게 있어서 이데올로기는 "개인으로서의 인간의 행동을 위한 규범들과 집단으로서의 사회의 방향과 이상을 함께 포괄하는 체계임과 동시에 경화된 규범들과 그 폐쇄적인 체계에 대한 비판, 곧 '이념들의 과학: Ideo-logie'이었다."[2] 트라시가 그 당시 내세운 구체적인 이데올로기는 프랑스혁명의 이념으로서의 자유주의였다. 이러한 이데올로기는 마르크스 (K, Marx)에 와서 인간 두뇌의 산물로서의

---

1) Daniel Bell, *The end of ideology,* (New York: The Free Press, 1965), 394쪽.
2) 이규호, 「이데올로기의 정체」, (서울: 태양문화사, 1978), 15쪽.

이념들로 이해되고 이것이 나중에는 반대로 인간을 지배하고 구속하는 것으로 간주되었다. 마르크스에 의하면 인간의 의식이란 사회적 존재, 즉 역사적 삶의 과정에 종속되어 있는 것이고 그러한 유형으로서는 종교, 철학, 법 등이 있으며, 이러한 것들이 허위의식의 이데올로기라는 것이다.[3] 그러한 이데올로기의 구속으로부터 인간을 해방시키는 것이 마르크스의 관심사였다. 그러나 이데올로기는 만하임(K. Mannheim)에 와서는 좀더 심화된 개념으로 정리된다. 그에 의하면 이데올로기는 언제나 그 사회의 지배계급의 이익을 반영하는 것으로서 사회구조의 현상유지를 지향하는 것이며, 따라서 보수적인 성격을 가지고 있다.[4] 그는 유토피아와 더불어 이데올로기를 사회의 왜곡현상을 직시하지 못하게 하는 일종의 허위의식으로 본다.[5] 그는 사회생활에서 불확실하고 모호하게 보이는 모든 것에 대한 의식의 체계화로 규정하는 지식 사회학의 입장에서 이데올로기를 '체계화된 모든 형태의 이념'으로 규정하고 사회를 구성하는 모든 집단 및 계급으로부터 허위와 기만의 가능성을 발견, 폭로하는 데 관심을 집중시켰다.[6] 이렇게 이데올로기는 일종의 거짓된 사회의식으로서 사람으로 하여금 현실에 대해 눈을 멀게 하며 참다운 인식의 과정

---

3) Marx-Engels: *Die deutsche Ideologie*, MEW Band 3: S. 26쪽. 백승균, 「변증법적 비판이론」, (서울: 경문사, 1982), 439쪽에서 재인용.
4) 이규호, 앞의 책, 21쪽.
5) Karl Mannheim, *Ideology and Utopia*, 61-62쪽.
6) 송호근, "이데올로기의 사회학", (사회과학원: 계간 사상, 이데올로기의 미래, 1990), 69쪽.

에 들어가지 못하도록 방해한다.

그런데 이러한 이데올로기의 지배를 받는 경직된 사회현상은 종교가 신(神)의 이름으로 사회에 군림하던 계몽주의 이전뿐 아니라, 이데올로기로부터의 해방을 설파했던 마르크스 이후의 마르크스·레닌주의 사회 안에서도 여전히 그 심각한 문제를 드러내었다. 한 사회를 의도된 방향으로 이끌어가기 위해 강력한 정치체제를 갖추고자 하는 사회일수록 더욱 그 부정적 측면이 강하였다. 특히 사회주의와 자유주의의 양 체제로 대립되던 지난 세기의 냉전 상황을 이데올로기적 대치의 상태로 보고, 이로 인한 체제존립의 위기의식으로부터 탈피하고자 하는 경향이 나타나게 되었는데 이는 곧 "이데올로기의 종말"이라는 선언이었다. 이 말은 이러한 제목으로 저술한 다니엘 벨의 말대로 그 내용보다 제목으로 저자를 유명하게 만들었다. 이 표현이 세계적 주목을 끈 것은 1955년 1월 밀라노(Milano)에서 개최되었던 "문화적 자유를 위한 회의"를 주도했던 쉴스(Edward Shils)가 이 회의에서 "자유의 미래"라는 제목으로 토의한 것을 인카운터지(Encounter)에 보고한 글에 그것이 나타나면서부터이다. 이 글의 제목이 "이데올로기의 종말?"로 되어 있었다.[7] 같은 해인 1955년에 나타난 "지성인의 아편(L'opium des Intellectules)"[8]은 지식인들에 대한 마

---

7) 이 회의에서는 자유세계의 지도적인 학자, 기자, 정치인, 문인 등 150명이 참석했는데, 그중에는 미국의 사회학자이며 철학자인 Arthur Schlessinger, Daniel Bell, Seymour M. Lipset, Sidney Hook, 그리고 그 당시의 영국 노동당수 Gateskell, 프랑스의 사회학자, Reymon Aron 등이 참석했다.

르크스주의의 영향의 종말을 예견하는 '이데올로기 시대의 종말'을 선언했다. 그러나 '이데올로기의 종말'이란 용어는 알베르 까뮈(Alvert Camus)의 글에 처음 쓰인 것으로 알려져 있다. 1946년 다니엘 벨의 '이데올로기의 증언'은 통렬히 19세기의 낡은 이데올로기를 비판하며 다가올 산업사회의 테크놀로지(technology)의 영향을 강조하였다.[9]

다니엘 벨은 당시의 시대를 더 이상 과거의 낡은 이데올로기로는 버틸 수 없는 이데올로기의 고갈시대로 규정한다.[10] 그는 이데올로기란 말을 부정적으로 보게 하는 과정을 역사적으로 규명하려 한다. 그 처음은 프랑스의 나폴레옹으로 권력의 기반을 장악한 뒤에 학술원에서의 윤리학과 정치학 강의를 금지시키고 도덕과 애국심을 파괴하는 무책임한 이론가들을 "이데올로그(Ideologue)"라고 간주하였다. 마르크스에 와서 이데올로기는 종교적 허위의식이 된다. 물론 거기에는 신학이 인간학으로 대치되고 인간이 신의 자리를 대체하게 되어 인간이 추상물의 망령(the specter of abstractions)으로부터 해방됨으로써 "진정한 철학"이 정립된다는 포이에르바하(Feuerbach)의 주장이 선행되었다. 그러나 마르크스가 말한바 이데올로기로부터의 자유[11]는 또 다른 이데올로기를 출현시키는 계

---

8) Reymon Aron, *L'opium des Intellectuels*, (Paris: 1955).

9) Russel Jacoby, *The End of Utopia*, 강주헌 역, 「유토피아의 종말」, (서울: 모색, 2000), 14쪽.

10) Daniel Bell, 앞의 책, 402쪽.

기가 되었고 그의 철학을 따르는 추종자들은 의회 의사당 안에 폭탄을 던지고도 "몇 사람이 죽는 게 무슨 문제가 된다는 말이냐, 이것은 훌륭한 행위(beau geste)이다."[12]라고 말하는 사람들로 풍자된다. 다니엘 벨은 이렇게 갈파한다.

> "이데올로기의 종언이란 사상적으로 말해서 획기적인 시대에 관한 책 즉 사회변동에 대해 안이한 좌파적 서적의 공식화를 끝장낸다는 뜻이다. 그러나 이런 책들을 끝장낸다는 것이 더 이상 이런 책들을 읽지 않겠다는 뜻이 아니다. 지난 일들을 거의 기억하지 못하는 '신좌파'(new left)가 대두되고 있는 오늘날 이들은 열정과 에너지를 가지고 있으나 거의 미래를 정의하지는 않고 있다. 이것이 중요한 점이다. 즉 사회주의란 어떤 의미이며, 관료화를 어떻게 막을 수 있으며, 민주적 계획이라든지 노동자에 의한 통제가 어떤 의미를 가진 것인지 하는 등에 대한 중차대한 문제에 대해 오직 화려한 미사어구로만 대답할 뿐이다"[13]

이데올로기는 다니엘 벨을 비롯한 반이데올로그(anti-ideologue)들에 의해 종지부가 찍히고 만 것인가? 더 이상의 이데올로기는 부재하는가? 이데올로기가 어떠한 신념을 실현시키기 위해서 인간을 동원하려는 사회적 운동을 말하는 것이며, 이러한 정치적 공식과 열정들을 융합한 형태로서의 이데올로기는 신념과 일련의 도덕적

---

11) 같은 책, 396쪽.
12) 같은 책, 406쪽.
13) 같은 책, 405쪽.

확신―마르크스의 경우에는 역사가 판단을 한다는 견해―을 제공하여 이에 따라 목적이 비도덕적 수단을 정당화하기 위해 사용되기도 하며, 또는 그런 운동이 권력을 잡게 되면 이데올로기가 인민의 복종을 강요하기 위해 통치자에 의해 사용되는 강압적 수단이 되기도 한다는 뜻에서 낡은 이데올로기(예를 들어 마르크스·레닌주의 같은)가 사람들에게 열정과 에너지를 불러일으키지는 못한다 하더라도 인간 사회는 항상 새로운 형태의 이데올로기를 찾아 왔다고 해야 할 것이다. 다니엘 벨의 저서가 그 내용보다 제목으로 인해 더욱 유명해진 이유 중에 이데올로기 못지않게 이데올로기의 종말이란 말이 또 다른 이데올로기를 위한 구호의 역할을 하지 않았을까 하는 것도 포함되어 있을는지 모른다.[14] 이런 점에서 이데올로기의 종언은 탈이데올로기를 뜻하는 것이 아니라 새로운 이데올로기의 갈망일 수 있다. 실제로 비판이론가들은 이데올로기의 종언을 가져온 결정적 계기가 되는 후기 산업사회와 우리 모두가 지금 경험하고 있는 정보·통신 사회에서는 테크놀로지라는 신형 이데올로기의 위험을 지적하고 있다. 이 테크놀로지는 지금 인간 사회를 새로운 형태로 지배하고 있다.

"테크놀로지가 이데올로기를 대신할 수 있다는 명제는 다만 과학과 기술이 합리주의 내지 실증주의 이름으로 이데올로기의 기능을 발휘하는 것을 말한다. 따라서 이것도 사실은 탈이데올로기는 아니다. 그런데 테크놀로지의 지배가 이데올로기의 지배

---

14) 이규호, 앞의 책, 34쪽.

를 대신한다는 의미에서의 이데올로기의 종말이 인간성과 이성의 해방을 뜻한다는 생각은 특정한 시대의 답답한 이데올로기 대립이 가져올 수 있었던 환상에 지나지 않았다. 테크놀로지의 지배는 인간성의 매우 효과적인 조종과 빈틈없는 구속을 뜻하는 것이며, 인간 소외의 가장 근본적인 원인이라고 말할 수 있다. 그리고 테크놀로지의 지배는 인간의 이성을 어떠한 임의적 목적을 위해서도 사용할 수 있는 수단으로 도구화하는 결과를 가져올 수 있다. 특히 테크놀로지가 이데올로기를 대신할 경우에는 필연적으로 이러한 이성의 도구화뿐만 아니라 인간을 소비를 위한 기계로 만드는 결과를 가져올 것이다"[15]

다니엘 벨이 종말을 선언한 1960년 그 이후에 나타난 이른바 신좌파 운동은 서구 산업사회의 한복판에서 일어났다. 이 반체제 운동은 "자본주의 체제가 그 산업구조에서 극도로 합리화되었으며, 이 합리적 조직화가 개인들의 자유를 억압함으로써 새로운 지배형태를 갖추게 된다고 주장했다."[16] 이들은 자본주의사회가 오히려 관료화·제도화의 이성적 도구화[17] 등으로 인해 더욱 비인간화되었으며 인간은 물질 만능으로 더욱 소외되었다고 외치며 현대사회의 가치에 대한 전면적 부정을 선언하고 나섰다. 어

---

15) 같은 책, 35쪽.

16) 차인석, "혁신 자유주의와 사회주의 이념", (사회과학원: 계간 사상, 이데올로기의 미래, 1990), 122쪽.

17) 이성의 도구화 문제는 하버마스(J. Habermas) 철학의 주요 테마가 되어 왔다. 그는 효율적 지배와 수탈을 위한 도구로 전락하고 마는 이성의 문제점을 밝히고자 한다.

80

찌 보면 이러한 현상은 이데올로기의 종언을 무색케 하는 "이데올로기 종언론"의 종언이었다.[18] 이와 비슷한 양상은 1968년을 시점으로 더욱 뚜렷해졌는데 그것은 프랑스의 파리와 체코의 프라하에서 일어난 사건이었다. '파리의 5월'과 '프라하의 봄'으로 일컬어지는 양대 혁명은 한편으로는 자본주의사회에 대한 고발이었으며, 다른 한편으로 사회주의사회에 대한 고발이기도 했다.[19] 이 두 사건을 최근 200년간 역사의 견인차 역할을 담당해온 두 체제에 죽음을 선고한 일종의 문화혁명으로까지 의미를 부여하면서 근대의 종말을 알리고자 했던 「근대성의 구조」의 저자 이마무라 히토시(今村仁司)에 전적으로 동의하지는 않더라도, 양자(상기 혁명들과 양 체제)의 연계 가능성은 이데올로기의 문제를 어느 한 체제의 다른 체제에 대한 우위의 차원에서 다룰 수는 없다는 점을 시사해 준 것이 사실이다. 달리 설명해 본다면 위의 사건의 역사적 의미는 사회주의 경제의 난점을 자본주의적으로 해결한다든가 아니면 자본주의 경제의 난점을 사회주의적으로 극복하면 된다는 식이어서는 안 된다는 것이다.[20] "근대 경제에 대한 비판이 자본주의 경제와 사회주의 경제 양쪽 모두에 대한 비판의 문제로서 파악되어야 한다."[21]고 할 때 이러한 비판

---

18) 차인석, 앞의 책, 120쪽.

19) 이마무라 히토시(今村仁司), 「근대성의 구조」, 이수정 옮김, (서울: 민음사, 1999), 19쪽.

20) 같은 책, 40쪽.

21) 같은 책, 39쪽.

은 근대 경제라는 같은 뿌리에 대한 것이라는 말이다. 이런 점에서 볼 때 다니엘 벨의 이데올로기관은 너무 단순했다. 이데올로기적 문제는 마르크스·레닌주의나 사회주의 진영에만 국한된 것이 아니라 그 반대 진영인 소위 자유주의를 표방하는 자본주의와 후기 산업사회에서도 함께 적용되어야 할 점이다. 그 대표적 경우에 해당되는 예가 테크놀로지의 이데올로기화 문제라는 것이다. 이데올로기의 문제는 특정 이데올로기의 문제가 아니라 이데올로기 그 자체의 문제이다. 이데올로기의 문제는 지나간 세기 한 사회를 풍미했던 문제임과 동시에 지금 우리가 살고 있는 현 사회의 문제이며 또한 앞으로 다가오는 미래의 사회에서도 마찬가지로 발생하게 될 문제이다. 여기에 이데올로기 문제의 핵이 도사리고 있다. 이데올로기는 끝나지 않았으며 인류 사회가 지속되는 한 결코 끝나지 않을 것이다. 본 연구는 앞장에서 다루었던 유토피아의 제 문제를 이러한 이데올로기 문제의 관점에서 다시 조명해 보고자 한다.

2) 유토피아의 이데올로기화(化)

블로흐의 유토피아주의의 문제점이 포퍼의 반유토피아론에 의해 제기되었다면 포퍼의 반유토피아주의의 문제는 역설적으로 반이데올로기의 문제점을 드러낸 셈이 된다. 유토피아 공학의 대상이 된 사회의 폐쇄성 못지않게, 유토피아적 열정을 추방한 사회의 폐쇄성도 간과해서는 안 될 것이다. 바꾸어 말해서 유토피아주의의 이데올로기화의 위험성은 반유토피아주의의 이데올로기화에도 해당되는 문제란 뜻이다.

유토피아와 반유토피아의 양자 구도를 균형 감각을 지닌 채 극명하게 보여준 사람은 영국의 사회철학자 쿠마(K. Kumar)이다. 그는 「현대에서의 유토피아와 반유토피아」(Utopia and anti-utopia in modern times)에서 "유토피아와 반유토피아 이 두 개의 기둥이 서로 긴장을 불러일으키며 지속성을 유지한다. 서로를 부정 또는 긍정하며 균등한 위치에서 상반된 에너지를 이끌어 낸다."[22]고 역설한다. 쿠마에게 있어서의 유토피아와 반유토피아는 빛과 그림자[23]의 관계로 설정된다. 유토피아라는 말이 르네상스, 종교개혁, 신대륙 발견으로 야기된 현대사회의 소산이듯 반유토피아도 같은 범주에서 이해되어야 할 개념이다.[24] 이 두 개념은 모두 현대 유럽 사회의 고안품이라는 말이다. 그런데 유토피아와 반유토피아의 이중구조는 그 어원에서도 밝혀지듯이 긍정과 부정을 동시에 함축하고 있다. 즉 "Utopia"는 "U"와 "topos"의 합성어인데 접두어의 역할을 하는 "U"는 그리스어 εὖ(good)와 οὐ(no)를 함께 지칭한다. 즉 Utopia는 εὖτόπος(good place)와 οὐτόπος(no place)를 의

---

22) Krishan Kumar, *Utopia and anti-utopia in modern times*, (Oxford: Black well, 1991), 126쪽.

23) Kumar는 반유토피아를 유토피아의 그림자로 이해한다. 99쪽.

24) 같은 책, 23-24쪽.

미한다. 이런 점에서 유토피아는 보다 나은 사회라는 긍정성과 불가능한 사회라는 부정성을 동시에 말하려 한다. 물론 이 말을 처음 쓰기 시작한 토마스 모어는 이를 학술적 용어라기보다 문학적 상상력을 동원시키는 말로 사용하였다. 그러나 이 말이 가리키는 사회 비판적 요소는 당시 영국 또는 서구 유럽 사회가 당면한 사회변화의 꿈을 담는 그릇의 역할을 하기에 충분했다고 할 수 있다. 기존 사회에 대한 비판과 새로운 사회를 건설하려는 열망을 고무시키기에 이보다 더 적합한 개념은 다시없었다. 따라서 이 말은 새로운 문학형태를 보여주면서 또 다른 한편으로는 인간과 사회변화의 가능성을 가늠하고 다다르게 하는 개념으로 자리잡게 될 수 있었던 것이다.[25]

물론 토마스 모어 이전에도 기독교의 신국사상이나 고대 그리스도의 공화국 사상은 나름대로 유토피아적 기능을 대신하는 표현이었다. 그러나 현대 이전의 유토피아에는 현대 유토피아가 함축하고 있는 긍정과 부정의 동시적 의미를 찾기 어렵다. 르네상스와 종교개혁을 거치면서 비롯된 기존 사회에 대한 합리적 비판적 정신의 표현으로서의 유토피아 개념은 이전과는 다른 새로운 것이었다. 현대적 의미에서의 유토피아는 어원적으로나 사회적 특성으로 볼 때나 단면적 형태로 해석되어서는 안 되는 양면성을 가진다는 점에 주목할 필요가 있다. 만일 유토피아를 부정적 요소를 배제시킨 채 긍정적 요소로만 확장시키려 한다든지

---

25) 같은 책, 24쪽.

반대로 긍정적 요소를 배제시킨 채 부정적 요소로만 채우려 한다고 할 때 적어도 현대적 의미에서의 유토피아와는 거리가 먼 개념으로 뒤바뀌고 말 것이다. 우리는 지금도 유토피아를 시나 소설 또는 미술이나 음악의 장르에서 표현할 수 있다. 거기에는 위에서 말한 양면성이 굳이 강조될 필요가 없다. 그러나 현대라는 특성을 거친 현 사회 안에서 사회철학의 학문적 개념을 전제할 때 이 양면적 의미는 매우 중요한 것으로서 이를 무시하려 한다면 이것이야말로 잘못이 아닐 수 없다. 다시 말해서 현대적 의미에서의 유토피아적 특성은 긍정과 부정, 유토피아와 반유토피아의 양립을 뜻하는 것이라는 말이다.

블로흐가 유토피아의 긍정적인 면을 보고 유토피아의 꿈, 유토피아의 밝음을 이야기했다면 포퍼는 유토피아의 부정적인 면을 보고 유토피아의 악몽, 유토피아의 그림자를 말하고 있다. 따라서 블로흐의 유토피아는 포퍼가 지적하는 대로 유토피아의 부정적 시각을 외면한 셈이 되고 포퍼의 반유토피아는 자신이 또 다른 형태의 이데올로기가 되어 가는 점을 망각한 셈이 되는 것이다. 쿠마는 바로 이러한 일방적 유토피아론을 되잡아 주려 한다. 그는 말한다. "유토피아의 세계 질서가 도덕적 완전성을 추구한다면, 반유토피아는 사회적 개념으로서의 완전성을 추구하게 되었다"[26]라고. 서로 다른 형태일 수 있으나 완전성(perfection)이라는 점에서 이 둘은 일치한다. 완전한 기대와 완전한 절망의 교차

---

26) 같은 책, 125쪽.

가 유토피아의 완전성이다.[27]

블로흐는 자신을 유토피아주의자로 자칭한 적이 없다. 물론 포퍼도 자신을 반유토피아주의자로 표명하지 않는다. '주의'란 말은 자신의 주장을 밝히는 철학적 사상적 입장에서 쓰이기도 하지만 그 견해를 반대하는 입장에서 반박의 구실로 사용되기도 한다. 유토피아주의나 반유토피아주의는 후자에 속한다. 따라서 유토피아주의는 유토피아에 대한 부정성을 그리고 반유토피아주의는 반유토피아에 대한 비판성을 담고 있다. 그럼에도 불구하고 유토피아의 문제점을 들추어내는 반유토피아 입장이 오히려 유토피아의 본뜻을 새롭게 드러내주며, 반유토피아의 한계를 말하는 유토피아의 입장이 오히려 반유토피아의 정당성을 반증해 주는 이 역설이 가능한 경우가 바로 유토피아와 반유토피아의 관계이다. 그러므로 유토피아는 자신의 자리를 반유토피아에서 찾게 되며 마찬가지로 반유토피아 역시 자신의 자리매김을 위해 유토피아를 요청하게 되는 것이다.

기존 사회를 바람직한 상태로 볼 수 없는 그보다 더 나은 사회를 꿈꾸는 자들은 기존 사회(topos)에 대한 부정의식을 가지게 된다. 이것이 우리가 알고 있는 유토피아의 단순한 동기이다. 그런데 이 유토피아가 기존 사회를 향한 변화를 시도하려 할 때 그리고 그 변화의 제도를 유지하려 할 때 나타나는 현상은 또 다른 형태의 이데올로기화이다. 이러한 모순의 과정을 철저하게 비판

---

27) 같은 책, 125쪽.

하며 부정하려는 주장이 반유토피아의 동기가 된다. 그런데 이 반유토피아가 자신의 입장을 견지하기 위해 사용하는 방법론은 그 본래 의도와 달리 기존 사회에 대한 변화를 가져오기보다는 오히려 사회변화의 에네르기를 부정적 요소로 보게 하는 이른바 보수주의를 대변하는 결과를 가져옴으로 결국 본래의 그 이데올로기로 환원되는 것으로 끝나게 된다는 것이다. 유토피아주의의 이데올로기화 경향의 위험 못지않게 반유토피아주의의 이데올로기화의 경향이 불로흐와 포퍼가 보여주는 한계이다. 이러한 유토피아와 이데올로기의 관계는 이미 칼 만하임(K. Mannheim)이 잘 밝힌 바 있다.

만하임은 란다우어(Landauer)의 말을 빌어서 "topia"는 그리스어 "ὁ πος"에서 나온 말로 기존의 사회질서를 가리키는 데 반해, 유토피아는 이에 대한 혁명적 기능으로 작용한다고 주장한다.[28] 따라서 기존질서를 지키려는 보수 세력은 유토피아를 현실을 부정하고 파괴하려는 이데올로기로 간주하려 하며, 새로운 질서를 세우려는 급진 세력은 이러한 기존 세력 안에 숨어 있는 기만된 관념으로서의 이데올로기를 폭로코자 한다.[29] 이렇게 지배계층은 이데올로기를 대변하게 되고 신흥계급은 유토피아를 강조하게 된다는 것이다. 그러나 만하임의 공헌은 여기에 머무르지 않는 데 있다. 그에 의하면 때때로 신흥계급의 유토피아 안에도 이

---

28) K. Mannheim, *Ideology and Utopia*, (London: Routledge and Kegan Paul LTD, 1936), 174쪽.
29) 같은 책, 183-184쪽.

데올로기적 요소가 다분히 간직되어 있다는 것이다. 예를 들어 자유라는 이념은 계급의 차별이나 표현의 자유가 억제된 봉건사회에서는 일종의 유토피아였으나 이것에 대한 실현 가능성이 짙어진 현재에 와서는, 자유가 유토피아적 요소일 뿐 아니라 동시에 이데올로기적 요소까지 내포하고 있다는 것이다.[30]

이러한 자유라는 이념에 대한 예는 유토피아의 이데올로기화를 지적하는 말이지만 역으로 반유토피아의 이데올로기화를 경고해 주기도 한다. 자유가 질서의 대립 개념으로 시작해서 결국 질서의 수단으로 끝나는 예는 유토피아주의의 경우뿐 아니라 반유토피아주의의 경우에서도 어렵지 않게 찾을 수 있기 때문이다. 그렇다면 이렇게 양자가 모두 본래의 의도와는 달리 체제를 옹호하기 위한 이데올로기의 수단으로 전락하게 되는 이유는 무엇이며 이러한 문제를 해결하기 위한 대안은 어떤 것인가? 사회의 닫힌 문을 열어젖히기 위한 시도로서의 유토피아가 한 사회의 폐쇄성을 드러내는 말이 되고 그러한 사회를 열린사회를 이끌어 가려는 반유토피아가 또 다른 형태의 반개방성을 반증하는 결과가 되는 이 악순환의 고리를 벗어나는 길은 없는가? 기존 사회에 만족하지 못하며 보다 나은 완전한 사회를 향해 가려는 반이데올로기적 유토피아의식이 계속 숨쉬며 살아갈 수 있는 그러한 사회를 위한 시도는 어디에서 찾을 수 있는가? 이 질문에 대한 답변을 공동체론을 통하여 물어보려 한다.

---

30) 같은 책, 183쪽.

3) 유토피아적 실험: 자유주의와 공동체주의

공동체를 일반 개념의 차원을 넘어 유토피아적 실험의 장(場)으로 생각할 수 있다. 이곳이 멀리 떨어진 섬이든 특정한 마을이든 아니면 사회와 국가 더 나아가서 어떤 세계이든 그것은 모두 공동체라는 개념으로 파악될 수 있다. 공동체라는 말은 일차적 혈연집단(Gemeinschaft)을 가리키면서 동시에 사회의 일반적 구조와 이를 넘어서려는 이상 사회에의 꿈이 내재되어 있다. 이것이 공동체가 가지는 유토피아적 꿈이다. 유토피아가 인간 본성을 저해하는 사회구조를 변화시켜 개인의 행복과 사회의 최대 선을 추구하는 것이라고 한다면 공동체적 이상과 가치는 필연적으로 유토피아를 추구하지 않을 수 없다. 공동체는 인간 개체가 그를 둘러싸고 있는 관계를 떠나 존재할 수 없다는 사실을 중시한다. 개인이 공동체의 구성원 사이의 관계를 통해서 누릴 수 있는 자유와 평등, 사랑과 정의가 어떻게 가능한가 하는 공동체적 가치는 곧 유토피아적 가치에 해당된다. 유토피아적 추구나 반유토피아적 소산이 이데올로기로 끝나는 경우의 문제도 실은 공동체적 실험 과정에서 비롯된 것이다. 또한 유토피아와 반유토피아의 딜레마 역시 공동체와 개인 사이의 문제라 할 수 있다. 유토피아주의는 공동체성을 강조함으로 야기되는 개인적 개성의 몰가치 문제이며 반유토피아주의는 개인을 중시함으로 나타나는 공동체의 해체화 현상이었다. 공동체는 이렇게 유토피아적 시도를 위한 구체적 실현의 공간으로 자리매김 된다. 따라서 공동체에 대한 탐구는 유토피아의 방향을 모색하는 일과 그 맥을 함께한다고 하겠다.

공동체라는 말은 라틴어 'communitas'에서 나온 말로서 이는 공동의(common) 생활 방식으로 살아가는 일정한 단체나 집단을 뜻한다. 우리말로는 '두레'에 해당되며 농촌의 마을 사람들이 서로 협력하며 공동 작업을 하기 위해 이룬 모임에 해당된다(두레박, 두렛상, 두레질, 두렛일 등의 말을 생각할 수 있다). 따라서 공동체는 동질성을 가진 사람들이 일정한 지역에 살면서 공동적인 목표를 이루기 위한 모임을 말한다. 그런데 이러한 전통적 공동체가 근대 사회의 출현으로 말미암아 약화되거나 해체되는 문제가 발생되었다. 이러한 고정을 퇴니스(F. Toennies)는 공동사회(Gemeinschaft)에서 이익사회(Gesellschaft)로의 변이라고 해석하였다.[31] 이것은 근대성(modernity)의 특징인 산업화(industrialization), 합리화(rationalization) 그리고 개인주의화(individualization)의 경향 때문에 일어난 결과였다. 이렇게 전통적 공동체(community)가 시민사회(society)로 넘어가면서 가장 크게 대두되는 사상이 있다면 그것은 자유주의(liberalism)라는 사상체계일 것이다.

자유주의는 넓은 의미에서 이성을 기반으로 하는 보편적 가치를 전제로 어느 무엇으로도 제한받을 수 없는 개인의 자유로운 권리를 강조하는 사상으로서, 17세기 이후 록크(Locke)나 루소(Rousseau), 칸트(Kant) 등에 의해 체계화되고 1970년대 이후에 롤즈(J. Rawls)

---

31) Ferdinand Toennies, *Community and Society*, tr. c. p. Loomis (New York: Harper and Row, 1957).

와 노직(R. Nozick)에 의해 새롭게 논란의 대상이 되고 있는 일종의 정치철학적 주제라 할 수 있다. 롤즈는 그의 주저 '사회 정의론'[32] (A Theory of Justice)에서 정의의 두 원칙을 제시한다. 그 첫째는 인간이 마땅히 가지고 누려야 할 기본적 자유에 대한 선언이고 둘째 는 소득의 재분배에 대한 선언이다. 그러나 엄밀히 말해서 제1원칙 은 제2원칙에 우선함으로 사회적 공동선보다는 자유로운 개인권을 중시하는 이른바 자유주의(liberalism)적 입장을 견지하게 된다.[33] 롤즈가 노직의 자유지상주의 (libertarianism)와는 구별된다 하더라 도 그의 자유주의는 공동체주의자들인 샌들(M. Sandel)이나 메킨 타이어(A. Macintyre)에 의해 비판의 대상이 되고 있다.

일반적으로 자유주의와 공동체주의는 다음과 같이 이해되고 있다: "자유주의는 근세 이래 현대에 이르기까지 이성적 논변을 통해 정당화 논의를 전개하고 있으며 보편주의적(universalistic) 귀결을 겨냥하고 있다고 할 수 있다. 이에 비해서 공동체주의자 들은 역사적 논변이라는 맥락적 해명을 통해 논의를 전개하고 있으며 시대와 상황에 맞는 특수주의적(particularistic) 귀결에 이르고자 한다."[34] 이러한 논의의 배경에는 자유주의자로서의 칸 트와 공동체주의자로서의 헤겔이 있다. 그리고 자유주의의 보편 주의적 가치는 역사의 특수성과 구체적 현실을 지나치게 추상화

---

32) John Rawls, *A Theory of Justice*, (Harvard Univ, Press, 1971). 국내 번역본으로는 황경식 역, 「사회정의론」, (서울: 서광사, 1977).

33) 같은 책, 64쪽.

34) 이근식, 황경식 편, 「자유주의란 무엇인가」, (삼성경제연구소, 2001), 151쪽.

시킴으로 현실적으로 공허한 결과를 도출하게 되어 결국에는 나쁜 유토피아주의(bad utopianism)[35]라는 비판에 당면한다. 또한 하나의 선택이 단일한 보편 원칙이나 일련의 원칙들에 의해 결정되지 않으며, 어떤 경우에 올바른 선택이 다른 경우에도 반드시 올바를 수 없다는 공동체주의자들의 입장은 일종의 상대주의에 빠져든다는 문제를 안고 있다.[36] 그런데 이러한 자유주의와 공동체주의 사이의 논쟁은 개인권(individual right)이라는 가치와 공동선(common good)이라는 가치 사이의 우선순위 문제와 그 맥락을 같이한다. 개인의 자유로운 권리를 주장하는 자유주의자는 유토피아주의의 위험성을 지적하며 반유토피아주의로 나아가게 되며, 기존 사회의 정체성과 보수성을 타파하며 새로운 공동체를 실현시키고자 했던 사람들은 유토피아주의자가 된다. 바꾸어 말하자면 공동선을 우선하는 공동체주의는 유토피아주의와 통하고 개인권을 강조하는 자유주의는 반유토피아주의와 뜻을 같이한다고 볼 수 있다. 따라서 블로흐로 대변되는 유토피아주의자는 공동체주의 진영에 속하며 포퍼로 대변되는 반유토피아주의자는 자유주의 진영에 속하게 된다. 이런 점에서 공동체는 유토피아적 요소를 필연적으로 갖게 되는 것이다.

공동체가 유토피아의 실험의 터전이라고 할 때 하나의 실험 공동체는 유토피아적 요소인 좋음(good)과 새로움의 가치에도 불구하고 실험 과정에서 수반되는 문제 때문에는 자유주의자들

---

35) 같은 책, 154쪽.
36) 같은 책, 155쪽.

의 비판적 대상이 될 수밖에 없다. 이와 반대로 개인의 자유를 지나치게 앞세우는 자유주의는 공동체의 가치를 평가절하시킨다는 점에서 공동체주의자들로부터 비판을 받는다. 자유주의는 공동체주의자로부터 그 한계성을 지적받으며, 공동체주의는 자유주의자로부터 그 문제점을 지적받는다. 유토피아와 반유토피아가 서로의 한계와 문제점을 지적하면서 긴장의 관계로 양립하듯이 공동체주의와 자유주의 역시 서로의 한계와 문제점을 지적하면서 긴장의 관계로 양립한다. 유토피아와 공동체주의가 한쪽 진영에 함께 동반자로 자리를 잡고 있다. 그리고 전자는 공동선(共同善) 편에 손을 들어주며 후자는 개인권(個人權) 편에 손을 들어주려 한다.

이러한 양자의 구도는 공동체의 문제를 탁월한 정치철학자의 한 사람인 한나 아렌트(Hannah Arendt)로 하여금 공(公)과 사(私)의 관계로 재규명케 하도록 한다. 한나 아렌트의 「인간의 조건」(The human condition)에서 다룬 「공론의 영역과 사적 영역」(public realm and private realm)이란 주제는 때때로 공동체주의자들이 자유주의적 정의론을 비판할 때 차용되기도 하지만,[37] 실은 전체주의적 공동체의 위험과 개인주의적 사유화의 위험을 동시에 보여주는 데 그 본뜻이 있다. 아렌트의 이론의 핵심은 공론 영역과 사적 영역 사이에 반드시 있어야 할 경계선이 무너짐으로써 공(公)도 사(私)도 사라져 버린 인간 현실의 안타까움에

---

[37] Dana R. Villa, *Arendt and Heidegger*, 서유경 역, 「아렌트와 하이데거」, (서울: 교보문고, 2000), 30쪽.

대한 것이다.

그녀는 인간의 인간다움을 노동(labour)이나 작업(work)에서가 아닌 행위(act)에서 찾으려는 일종의 정치철학적 인간학을 발전시키고 있다. 그리고 이러한 진정한 행위적 삶(vita activa)을 상실한 현대사회의 문제의 원인이 아리스토텔레스가 말한 '정치적 동물'(zoon politikon)이란 개념이 세네카에게서 '사회적 동물'(animal socialis)로, 그리고 토마스 아퀴나스가 정치적이란 말을 사회적이란 말로 무의식적으로 대체한 이후 점차 인류 사회(socieatas generis humani)라는 개념으로 통용되면서 이 "사회적"이라는 용어가 근본적인 인간 조건이라는 일반적 의미를 얻기 시작했다는 데 있다고 지적한다.[38] 그런데 아리스토텔레스가 말하는 인간 이해는 당시 도시국가인 아테네에서의 정치적 삶(bios politikos)에서 비롯된 것이었다.

인간을 정치적 동물로 규정한다는 것은 가정지배와 대립되며, 노예와 가족을 다스리는 가부장의 권력의 결합치와 같은 형태와도 상반된 영역인 정치 공동체로서의 도시국가를 의미한다고 아렌트는 말한다.[39] 다시 말해서 사적 영역과 공존 영역의 구분은 가정과 정치적 영역의 구분에 상응하며 이는 다시 공동세계에 연관된 활동과 생계유지에 연관된 활동 사이의 명확한 경계를

---

38) Hannah Arendt, *The human condition*, 이진우 역, 「인간의 조건」, (서울: 한길사, 1996), 74-75쪽. 여기에서 토마스 아퀴나스의 번역은 homo est naturaliter politicus, id est, socialis: 인간은 본성적으로 정치적이다. 즉 사회적이다.

39) 같은 책, 79-80쪽.

94

고대 폴리스는 신성한 상태로 유지시키고 있었다는 것이다. 그리고 이러한 도시국가의 공론 영역은 가정과 가계라는 사적 영역의 희생 위에 이루어질 수 있었다.[40] 또한 아렌트는 사적이란 말, private이 사실은 privative 즉 "박탈된"이라는 말에서 비롯되었음을 상기시키며 단순히 사람이 사적인 생활을 한다는 것은 참사람이 되는 과정에서 중요한 수단이 박탈되었음을 의미한다고 주장한다. 즉 객관적 관계의 박탈, 영속적인 가능성의 박탈, 타인의 부재라는 박탈 등이다.[41]

이렇게 정치 공동체를 이루기 위해 필연적이었던 공과 사의 구별의식이 점차 사라지게 된 배경에는 정치적이라는 말과 사회적이라는 말의 개념 혼동 이외에도 기독교의 왜곡된 도덕성과 마르크스의 탈사유화의 과정이 있다. 기독교적 선(善)은 공개적으로 드러나면 더 이상 선일 수 없는 비공적 영역에 속한다. 그래서 '오른 손이 하는 일을 왼손이 모르게 해야 한다'. 또한 기독교적 책무를 개인적인 것에 국한시킴으로 공적인 문제에 대한 부담을 덜어주는 것은 당연한 일이 되었다. 기독교는 정부를 인간의 죄 때문에 어쩔 수 없는 필요악으로 본다. 구원과 소유와 부가 개인이나 가정에 내리는 신의 축복으로 간주되는 일은 기독교의 울타리 안에서 비교적 자연스럽다. 따라서 기독교의 이름으로 종교가 정치화되거나 개인의 영적 관심이 세속화되는 것은 지극히 위험한 일로 여겨진 것은 당연한 일이었다.[42] 이러한 기

---

40) 같은 책, 81쪽.
41) 같은 책, 112쪽.

독교적 사적 소유의 확대 과정 속에서 일어나는 인간의 소외현상을 파헤친 사람이 칼 마르크스였다. 그는 개인주의에 반대하여 인간을 사회화하기 위해 사유재산의 몰수라는 방법을 택했다. 공산주의적 혁명의 목적은 결국 사적 소유의 확실한 소멸, 곧 사적 영역의 제거에 있었다.

아렌트는 전통 기독교 사회의 경우 사적 영역이 공적 영역을 침몰시키므로 그로 인해 결국에는 사적 영역마저 제거되는 결과를 초래하게 될 것이라는 점을 부각시키려 한다. 마찬가지로 전체주의에서는 사적 영역을 폐기시킨 공유화가 어떻게 국가의 사적 소유가 되는가를 지적하는 것이다. 아렌트가 말하는 인간다움의 조건은 인간이 이루어 좋은 사회성이라는 가치에 있는 것이 아니라 어떤 정치 공동체를 이루느냐에 달려 있다. 사회란 가정의 연장이나 확장에 불과하며 그곳은 인간이 먹고사는 원초적 생존의 장 그 이상을 넘어서지 못한다. 거기에서는 가부장적 절대권한이 지속되며 진정한 인간으로서의 행위(vita activa)가 발생되지 않는다. 고대 도시국가가 미래의 공동체를 위해 기억되고 재론되어야 했던 이유는 그 공동체 안에서 이루어졌던 공론 영역과 사적 영역의 구별을 전제로 가능했던 바람직한 정치적 활동에 있다. 물론 아렌트의 집중된 관심은 엄밀한 의미에서 사적 영역의 확보라기보다 어떻게 진정한 공론 영역이 보존되고 유지될 수 있겠느냐 하는 것이었을 것이다. 그러나 공론 영역이 사적

---

42) 같은 책, 132쪽.

영역의 확보라는 일차적 단계를 무시하고는 불가능한 다음 단계였다고 한다면 그 입장이 어떻게 다르던 사적 영역은 그 나름대로는 독자적 가치가 있다고 볼 수 있다. 이런 의미에서 사적 영역이 확대 확장되어 공론 영역을 사라지게 한 문제만큼, 공론 영역이 사적 영역을 침해하여 결국에는 공(公)의 의미가 상실되게 된 문제 또한 중요한 과제가 아닐 수 없다. 우리가 흔히 말하는 공과 사의 구별을 실제 삶의 현장 안에서 구체적 실례로 드러내기란 실로 어려운 일이다. 공(公)이 공(公)되기 위해서는 사(私)를 요구하며 사의 분명한 확보 없는 공의 자리는 무의미한 것이다. 이런 점에서 공과 사는 서로에게 있어서 반면(反面)교사의 노릇을 하고 있는 것이다.

이러한 반면교사의 역할은 앞서 논의한 유토피아와 반유토피아, 공동체주의와 자유주의 사이에 야기되었던 논쟁에서도 찾아볼 수 있는 구도이기도 하다. 유토피아주의가 공동체를 통한 이상 사회의 실현이라고 할 때 이러한 실험 과정에서 나타난 반유토피아적 요소, 달리 말하자면 그것은 개인의 자유 박탈과 사적 소유권 침해라는 부정적 결과를 뜻한다. 또한 자유주의는 이렇게 유기(遺棄)되기 쉬운 개인의 고유 권한에 지속적인 관심을 부여하고자 한다. 왜냐하면 전술한 바와 같이 이러한 개인적, 사적 가치는 사회적이고 공적인 세계를 건설하는 과정에서의 장애물이 아니라 오히려 공적 영역을 확보하기 위한 전제조건이 되기 때문이다. 자유주의와 공동체주의와의 논쟁은 반립과 반목이 아니라 오히려 상호 수렴하며 보완하는 관계로 파악되기도 한다.[43] 이것은 이론의 차원이 아닌 구체적인 하나의 공동체를 이루려는 과정에서는 더욱 그 양면의 가치가 분명하게 나타난다. 공의 가치와 사의 가치가 그러하듯이 공동선의 가치와 개인권의 가치는 양립 가능한 것이며 이 같은 맥락에서 유토피아와 반유토피아의 관계도 이해되지 않으면 안 된다.

한편에는 유토피아―공동체주의―공론 영역이 자리하며 다른 편에는 반유토피아―자유주의―사적 영역이 자리한다. 이렇게 공적 영역과 사적 영역, 공동체 주의와 자유주의의 관계정립은 유토피아와 반유토피아의 관계를 유추하게 하는 기본 도식의 역할을 해준다. 사적 영역의 확보 없이는 공론 영역이 허구일 수밖에 없듯이 개인권의 가치를 부정하는 공동선이 참선(善)일 수 없다면, 반유토피아적 문제점을 도외시한 채 일방적으로 추진되는 유토피아는 과연 어떤 의미가 있을 것인가? 이것은 허구의 공(公), 닫힌 공동체, 캄캄한 유토피아로 끝날 뿐이다.

---

43) 공동체주의와 자유주의의 상호 보완 가능성은 이인숙의 박사논문 "공동체주의에 대한 연구", (고려대학교 대학원, 1994) 이외에도 이근식의 글 "자유주의란 무엇인가", (삼성경제연구소, 2001)와 김의수의 논문 "한국 사회와 공동체", (사회와 철학 연구회 월례학술모임, 1999) 등에서 찾아볼 수 있다.

제4장 기독교 유토피아의 가능성

1) 메시야적 유토피아

기독교는 "예수가 누구인가?" 하는 질문과 이에 대한 답변의 역사이다. 이 질문을 가장 먼저 던진 사람은 바로 예수 자신[1]이었으며 같은 질문을 제자들에게 던졌고[2] 마지막에는 그 질문을 받는 입장에 서 있었다.[3] 그리고 이 질문에 대한 정답은 그의 제자 시몬 베드로에 의해 고백되는 그대로 "선생님은 살아 계신 하나님의 아들, 그리스도십니다."[4]이었다. 여기에 나오는 그리스도는 그리스어 χριστός(크리스토스)로서 히브리어 מָשִׁיחַ(마샤)의 번역이며 그 뜻은 기름 부음 받은 자 곧 "메시야"를 일컫는 말이다. 예수에 대한 일반적 통칭은 랍비(선생님), 예언자, 하나님

---

1) 예수 자신에 대한 의식은 신학적으로는 "메시아의 자의식"에 관한 문제로 다룬다. 이 점에 대한 기록은 르낭(J. Renan)의 예수전(*La vie de Jesus*)에서 찾아볼 수 있으며 신약성서의 복음서에 나오는 예수의 요단강 세례예식 때의 황홀한 광경을 일종의 예수 메시아 대관식으로 보기도 한다.

2) 마태복음 16장 16절, "너희는 나를 누구라 하느냐?"

3) 신약성서 4복음서는 모두 총독 빌라도의 예수를 향한 "네가 유대인의 왕이냐?"는 질문을 기록하고 있다. (마태 27:11, 마가 15:2, 누가 23:3, 요한 18:33)

4) 마태복음 16:16절.

100

의 아들, 사람의 아들, 왕, 대제사장 이외에도 여럿이다. 그러나 이 모든 칭호 가운데 예수에 대한 가장 기본적이고 본질적인 칭호는 메시야이다. "예수 그리스도"는 "예수 메시야"라는 말이다. 다시 말해서 기독교는 예수를 메시야로 부르고 그를 메시야로 믿고 고백하는 데서부터 출발한다.

메시야니즘(messianism)은 예수 이전 이스라엘 사람들에게 오랫동안 형성되어 온 사상으로서 "유대교의 가장 독창적 개념"[5]이며 "이스라엘이 온 세계에 선물한 개념"[6]이다. 그리고 이것은 구약성서의 근저에 흐르고 있는 강줄기이며 이 물줄기는 그대로 신약성서의 기조를 이루고 있다. 기독교는 구약을 메시야에 대한 약속과 그 기다림으로 해석하며, 신약을 이 메시야 약속에 대한 성취로 본다. 즉 "하나님의 기름 부음"이라는 제사행위를 통하여 얻고자 했던 정치적 종교적 구원자에 대한 이스라엘인들의 열망이 실제로는 그런 뜻으로 기름 부음을 받은 왕들이나 제사장들에 의해 좌절되었으며, 이로 인하여 오히려 더욱 강해진 야훼의 직접적이고 카리스마적인 신정(神政)개입에 대한 갈망이 집약적으로 표현된 것이 바로 메시야니즘이다. 이러한 기다림이 예수와 만나, 어떤 것들은 부서지고 어떤 것들은 채워지고 또 어떤 것들은 새롭게 재창조되어 나타난 신앙고백을 우리는 "메시야 예수"[7]라고 부른다. 그리고 이 메시야

---

5) M. Buber, *Der Jude und sein Judentum*, Koeln 1963, 41쪽, (J. Moltmann의 *Der Weg Jesu Christ*, 김균진 역, 「예수 그리스도의 길」, (서울: 대한 기독교서회: 1990), 17쪽에서 재인용).
6) J. Moltmann, 같은 책, 17쪽에서 숄램(Gershom Scholem)의 말을 인용.
7) 세례자 요한은 자기 제자 가운데서 두 사람을 불러 예수에게 "오늘

예수 사상을 가장 극명하게 보여주는 말이 다름 아닌 "하나님의 나라"(The Kingdom of God)인 것이다.

　신약성경의 3복음서 마태복음, 마가복음, 누가복음은 모두 메시야로서의 예수의 공적 행위를 기록하고 있으며, 이는 하나님 나라의 선포로 요약된다. 그것은 "때가 찼다. 하나님의 나라가 가까이 왔다. 회개하여라. 복음을 믿어라"(마가1:15)라는 말이었다. 예수가 메시야의 자격으로 선포하는 하나님의 나라는 다름 아닌 메시야적 유토피아이다. 그가 가르치고 이루고자 했던 이 메시야적 유토피아인 하나님의 나라는 유대 핏줄인 헤롯의 왕국(또는 다윗의 나라)과 이보다 더 위대한 씨저의 왕국, 이 양자를 모두 거부하는 말이었다. 이러한 메시야론은 예수를 둘러싸고 있는 양대 세력의 이데올로기성(性)을 폭로하는 결과를 가져 왔다. 신약성서는 예수의 탄생과 헤롯왕 또 예수의 죽음과 로마 총독 빌라도와의 불협화음을 구체적 사건을 묘사하는 방법으로 실증해 보이고자 한다. 예수와 이 양대 세력과의 사이를 채우는 숨 막히는 긴장은 "메시야 비밀"이라는 신학적 개념으로 표현되었다. 위에서 언급한 대로 가이사랴 빌립보 지방에서의 예수의 정체성에 대한 물음8)과, 베드로의 메시야 고백은 결코 공개되어서는 안

———————————————

　그분이 선생님이십니까? 아니면 다른 분을 기다려야 합니까?" 하고 물어보게 하였다. 이에 대한 예수의 대답 "나에게 의심을 품지 않는 사람은 복이 있다"(누가복음 7:23)

8) 가이사랴 빌립보(Caesarea Philippi)는 본래 헤롯왕 빌립 2세의 이름을 따서 빌립보였는데, 로마황제 가이사 티베리우스에게 바치는 뜻에서 이렇게 불려지게 되었다. 이 두 왕의 이름이 겹쳐지는 곳에서 예수

되는 것이었다. 예수는 자기가 그리스도라는 것을 아무에게도 말하지 말라고 제자들에게 단단히 당부하였던 것이다(마태16:20). 메시야 비밀은 종말론적 신비로서 단순한 미래지향적이며 진보사관에 근거하는 역사의 완성을 뜻하는 유토피아가 아닌, 오히려 역사의 파멸을 뜻하는 종국이 될 것에 대한 암시였다. 발터 벤야민(W. Benjamin)은 유대교 신비주의자 숄렘(G. Scholem)과의 지적 교분을 통해 이렇게 말할 수 있었다.

> "유대교의 메시야니즘은 그의 근원과 본질에 있어서 하나의 재난의 이론(Katastrophentheorie)이다. 이것은 아무리 강조하여도 충분히 강조될 수 없을 것이다. 이 이론은 모든 역사적 현재가 메시야적 미래로 변천함에 있어서 혁명적이고 파괴적인 요소를 강조한다."9)

다시 말해서 메시야 비밀은 종말론적 신비로서 멸망(Untergang)과 새로운 시작(Aufgang)이라는 두 가지 상이한 파멸의 결합이다. 복음서 기자는 이 메시야 비밀을 "십자가"와 "부활"이라는, 둘이면서 하나인 열쇠로 풀고자 한 것이다. 십자가는 로마식 평화(Pax Romana)라는 정치적 이데올로기를 유지하기 위한 수단으로서 이에 대한 저항 세력을 제거하기 위한 사형집행 기구였다. 십자가 형

는 자신이 누구인지를 묻고 있는 것이다. 당시 예수의 제자들은 여느 유대인과 같이 왕권을 지닌 메시야를 찾고 있었다. 이런 점에서 이 장소는 세 왕권 사이의 삼중적 대립의 현장이라는 상징적 의미가 있다.
9) J. Moltmann, 앞의 책, 44쪽.

(刑)이라는 정치적 죄목(罪目)은 빌라도에 의해 내려졌던 판결문의 일부였을 "유대인의 왕 예수"[10]라는 죄 패를 통해서도 드러난다. 앙드레 트로끄메(Andre Trocme)는 그의 「예수의 비폭력 혁명」이라는 저서에서 "예수에게서 이스라엘의 왕권에 관한 주장을 모두 제거한다면 4복음서는 다시 쓰이어야 한다"[11]고 말한다. 또한 십자가는 모세의 율법이라는 당시의 종교적 이데올로기를 지탱시키기 위한 수단으로서 이에 대한 반율법적 행위에 대한 처벌 방법으로 교묘하게 이용된 사형집행 기구이기도 하였다. 예루살렘의 산헤드린 의회는 종교적 이유 때문에 예수를 체포했다. 그들이 예수에게 내린 직접적 죄목은 "신성모독"이었다. 예수를 고소할 수 있었던 결정적 증언은 "이 사람이 하나님의 성전을 허물고 사흘 만에 세울 수 있다고 했습니다."[12]였으며, 자신을 하나님의 아들 메시야로 주장한 때문이었다. "야훼의 이름을 모독한 자는 반드시 사형시켜야 한다. 온 회중은 그를 돌로 쳐 죽여야 한다."(레위 24:16)는 모세의 율법대로 대제사장과 율법학자와 장로들은 입을 모아 "그는 사형을 받아야 한다."(마태 26:66)고 외쳤다. 십자가는 정치적 이데올로기나 종교적 이데올로기, 이 양자가 어떻게 교묘하게 결합되어 민중을 거짓과 기만으로 이끌고 가는지를 단적으로 보여주는 실례가 된다. 십자가는 양대 세력의 이데올로기 성(性)

---

10) 마태복음 27:37의 인용으로 십자가에 달린 예수의 머리 위에 붙여진 이 죄명(罪名)은 예수를 정치범으로 간주하기에 충분하다.

11) Andre Trocme, 「예수와 비폭력 혁명」, 양명수 역, (한국신학연구소, 1986), 88-89쪽.

12) 마태복음 26:61.

을 폭로한 데 대한 당연한 대가였다. "지배-배제-닫힘"13)의 이데올로기 앞에서 십자가는 힘없음과 자리 없음(u-topos)의 표시이다. 그러나 이 자리 없음의 자리가 바로 유토피아의 자리이다. 그리고 이 유토피아의 자리가 복음서가 전하는 "부활"이라는 빈 무덤의 자리이다. "십자가"가 이데올로기적 희생의 자리라고 한다면 "부활"은 새로운 유토피아적 탄생 자리가 되는 것이다.

전통적으로 기독론(Christology)은 역사적 예수(Historical Jes-us)의 메시아됨과 케리그마적 그리스도(Kerygmatic Christ)14)의 메시아됨 사이의 쟁점이라고 해도 지나치지 않을 것이다. 양자 사이의 논쟁은 초기 교부시대15)뿐 아니라 18-19세기의 역사적 예수 운동(The historical Jesus Movement)16) 그리고 최근의 예수 세미나(The Jesus Seminar)17)에 이르기까지 계속된다. 381년 칼

---

13) 이마무라 히토시(今村仁司)는 근대성의 특성을, 어떤 의도를 가지고 행동하는 "기도(企圖)의 정신"과 이로 인한 "동일화의 원리"와 "비동일자 배제의 원리" 등을 그 예로 든다. 자본주의와 사회주의는 이러한 기도 위에 세워졌다는 것이다. 그는 근대세계가 최근 4백 년 동안 역사에서 점점 더 배제의 역할과 지배의 체계(hierachy)를 강화해 왔다고 말한다. 이런 점에서 "지배"와 "배제"는 이데올로기의 전형적 모습이다. 근대성의 구조 175쪽 이후 참조.

14) 케리그마(Kerygma)는 그리스어 κήρυγμα 즉 선포·설교를 뜻하는 말로서 예수의 부활을 체험한 사도들이 선포하는 메시야론이다.

15) 초대 교부시대의 이 논쟁은 예수에 대한 인성(人性)과 신성(神性)에 관한 것으로 인성은 역사성을 신성은 케리그마성을 대변한다. 이 논쟁이 유명한 니케아(Nicea: 325년) 종교회의를 열도록 하였다.

16) Albert Schweitzer의 *The Quest of the Historical Jesus*는 이 운동을 자세히 소개하고 있다.

17) 미국을 중심으로 일어나는 신약신학계의 이 운동은 예수와 그가

케돈(Chalcedon)에서 열린 제2차 에큐메니칼 회의(Ecumenical council)의 결론인 참하나님이면서 동시에 참사람(Vere Deus-Vere Homo)인 예수, 또 451년에 채택된 칼케돈 신조인 두 본성이 한 인격 안에(one person in two natures) 혼동되지 않고(without confusion) 변화하지 않으며(without change), 구분되지 않고(without division) 분리되지 않은(without separation) 상태로서 존재한다고 하는 예수[18]는 본래의 긴장 속의 그 "메시야 예수"와는 거리가 있다. 교부(敎父)시대에 "교리화된 예수"는 이미 로마 권력과 손을 잡기 시작하면서 정치화되어, 점차 교회의 체제를 유지하기 위한 이데올로기로서의 예수상(像)으로 오용되어 왔다. 이를 쟈크 엘룰(Jacques Ellul)은 나사렛 예수가 기독교(Christian-ism)가 되는 과정에서의 "이데올로기적 왜곡(subver-sion)"이라고 지적한다.[19] 자신의 사상이 이데올로기적 구조 장치로 축소되는 것을 막으려 했던 마르크스의 사상이 그의 후계자들에 의해 "이데올로기"화 했듯이, 메시야 예수는 현대 기독교의 교회 구조 안에서 이데올로기화되어 갔다는 것이다. 예수는 교회 안에서 지배 배제 닫힘의 병리를 드러내는 새로운 이데올로기의 제물이 되어 가는 것이다. 반유토피아의 자기모순처럼 오늘의 기독교는 반예수(anti-Jesus, anti-Christ:요일 2:18, 요이 1:7)라는

가르치는 하나님의 나라에 초점을 맞추고 있다.

18) J. Kelly, *Early Christian Doctrines,* 김광식 역, 「고대 기독교 교리사」, (한국기독교문학연구소, 1980), 382쪽.
19) Jacques Ellul, *La Subversion du Christianisme,* 박건택 역, 「뒤틀려진 기독교」, (서울: 대장간, 1990). 23-25쪽 참조.

자기모순을 비슷한 유형으로 겪고 있다. 유토피아가 닫힘의 이데올로기로 추락하듯이 예수도 교회와 기독교라는 이름 아래 종교적 이데올로기로 변질되고 있다.

21세기의 예수는 바로 이러한 현 시점에서 새로운 유토피아를 향해 그 닫힌 문을 활짝 열어젖힘으로 출발해야 한다. 21세기는 이데올로기의 종언과 더불어 유토피아 종언의 시대이다. 또한 "열린사회로 가는 길을 방해하는 적(敵)"과 함께 유토피아로 가는 길을 방해하는 적을 함께 말해야 하는 시대이기도 하다. 따라서 새로운 유토피아는 과거의 유토피아가 걸었던 이데올로기, 디스토피아, 반유토피아의 과정을 탈피하지 않으면 안 된다. 즉 21세기의 유토피아는 열린 유토피아로서 지배와 배제 그리고 닫힘이라는 삼중적 악순환을 벗어나는 일로서 가능할 것이다. 여기에 기독교 유토피아적 소명이 있다. 논자는 이를 위한 작업으로서 예수의 "하나님의 나라"를 신학적으로 "하나님의 도성"으로 분절한 아우구스티누스의 신국사상(神國思想)을 먼저 살펴보고자 한다.

2) 「하나님의 도성」에 나타난 유토피아적 문제

유토피아와 기독교와의 관계는 본 연구의 문제제기에서 밝힌 바와 같이 유토피아란 개념을 처음 사용한 토마스 모어로 거슬러 올라간다. 그는 "utopia"라는 개념에 그리스어 "οὐ-τόπος"(no-where)

와 "εύ-τοπός"(good-place)의 이중적 의미를 담았다. 한편으로는 이 세상이 존재하지 않으며 비현실적이며 실현 불가능하지만, 다른 한편으로는 보다 나은 사회 더 좋은 세상에 대한 동경과 이에 대한 가능성이라는 뜻이다.[20] 그의 "유토피아"는 1516년에 쓰였는데 이때는 루터(Luther)가 비텐베르크(Wittenberg) 교회 문에 95조의 항의문을 내건 시기(1517년)이기도 하였다. 당시는 기독교 문화로 일원화되어 왔던 천여 년의 전통에 금이 가기 시작하면서 중세가 서서히 무너져 내리는 징후를 나타내 보일 때였다. 르네상스(Renaissance)와 종교개혁(Reformation)은 과거의 시대가 마감되고 새로운 시대의 출현을 알리는 서곡(序曲)이었다. "유토피아"의 이중성은 곧 그 시대의 이중성을 드러내는 말이기도 하였다.

한 시대의 몰락과 새 시대를 향한 소망, 그 틈새는 유토피아의 씨가 뿌리 내리는 자리이기도 하다. 이 비슷한 자리에서의 비슷한 경험은 토마스 모어에 앞서 천백여 년 전에도 있었는데 그것은 고트족(族)에 의해 로마가 약탈되고 무너져 내리는 광경(410년)을 지켜보았던 히포(Hippo)의 아우구스티누스(Augustinus)의 경우였다. 「하나님의 도성」(De Civitate Dei)은 그때로부터 시작해서 13년 동안에 걸쳐 쓰이었다. 제롬(st. Jerome)이 "전 세계가 한 도시 속에서 멸망했다."[21]고 기록했을 정도로 상기의 사건은

---

20) Thomas More, *Utopia*: The Yale Edition of the Complete Works of st. Thomas More, Vol.4. ed. by E. Surtg, (New Haven, 1965), 105쪽에 나타나는 싯구 "내 이름은 Utopia가 아닌 차라리 행복의 나라 Eutopia라 하리라"에서 알 수 있듯이 모어는 유토피아를 부정적 개념과 아울러 적극적 개념으로 사용하고자 하였다.

역사적 대충격이었다. 이 특별한 시대적 정황 가운데 아우구스티누스는 역사를 하나님의 도성과 지상의 도성(civitas Terrena)이 두 도성 사이의 긴장 관계로 파악하였다. 이 긴장은 하나님의 도성과 지상의 도성이 분리되지도 일치되지도 않는다는 모호한 이중성에 기인한 것인데, 이 둘은 하늘과 땅 또는 선과 악처럼 이분법적 구도도 아니며 그렇다고 해서 어느 하나가 다른 한쪽으로 수렴되는 것도 아닌 것임을 뜻한다. 양자 사이의 이러한 관계는 변증법적 긴장을 고조시키며 역사를 정태적이 아닌 역동적 양태로 보게 한다. 바로 이 점 때문에 「하나님의 도성」은 유토피아적 성격을 가지게 되는데 이는 "하나님의 도성"이라는 말이 나타내는 단순한 의미에서의 유토피아적 성향 때문일 뿐 아니라 "지상의 도성"이라는 또 다른 반립적 유토피아적 성향 때문이기도 하다. 다시 말해서 아우구스티누스는 이 땅에 살면서 지상(地上)에서는 찾을 수 없는 이른바 "하늘"이라는 유토피아를 꿈꾸었다는 점에서 그는 유토피아주의자였으며, 동시에 이 땅에서는 결코 "하나님의 도성"이라는 유토피아를 이룰 수 없을 것이라는 점에는 그는 반유토피아주의자였다고 할 수 있다. 그는 유토피아주의자였기에 이 땅의 세속 역사 속에서 "하나님의 도성을 찾고자 하였고 또한 그는 반유토피아주의자였기에 "땅의 도성"을 하나님의 도성으로 결코 간주할 수 없었다. 즉 「하나님의 도성」의 모호성

---

21) R. W. Battenhouse (ed.), *A Companion to the Study of st. Augustine.* 현재규 역, 「아우구스티누스」, (서울: 크리스챤다이제스트, 1994), 313쪽.

은 달리 말해서 아우구스티누스 자신의 유토피아와 반유토피아의 이중적 긴장 관계 때문에 야기되었다는 점이다.

유토피아주의자 블로흐의 입장에서 보면[22] 「하나님의 도성」은 플라톤의 영향 아래 그의 「국가론」을 기독교적으로 재해석한 기독교 유토피아론이 되는 셈이다. 블로흐가 말한 대로 유토피아의 조건이 ① 인간 내부의 꿈과 ② 이 땅에서의 실현의지와 ③ 시간과 역사로 다가오는 완성에 있다고 할 때 「하나님의 도성」은 이 세 가지 요소에 모두 부합된다. 아우구스티누스는 신플라톤주의자답게 그가 믿는 하나님을 이데아적 존재로 이해하였다. "만일 한층 더 탁월한 무엇이 있다면, 그것이 오히려 하나님이다. 그러나 그러한 것이 아무것도 없다면, 진리 그 자체가 곧 하나님이다."[23] 이 말은 플라톤에 있어 "고정적이고 불변적이고 시간의 경과에 손상되지 않는 영원한"[24] 이데아(Idea)이며, 플로티노스(Plotinos)에 있어 "진리이며 선이며 지혜라고 보이는 참되고 선하고 슬기로운 모든 것이자 '그에 있어서, 그에 의해서, 그를 통해서' 참되고 선하고 슬기롭게 되는 것"[25] 즉 일자(一者)에 해당된다. 아우구스티누스의 유토피아성(性)은 이 같은 현실 초월적 이데아, 영원한 일자 그리고 그가 참회하면서 고백한 기독교 신

---

22) 블로흐의 견해는 본 연구 제2장 28쪽을 참조.

23) De Libero Arbitrio, BK. II, 39장. R. Mckeon, Selections fro, Medieval Philosophers, (New York: Scriber, 1929), Vol. I, 56쪽.

24) S. Lamprecht, *Our Philosophical Traditions,* 김태길 역, 「서양철학사」, (서울: 을유문화사, 1963), 74쪽.

25) 같은 책, 198쪽.

110

(神)에 의거한 것이었다. 토마스 모아가 그러했듯이 아우구스티누스 역시 자신의 기독교적 이상(理想)을 펼쳐 보이려 했다. 만일 그에게 유토피아적 꿈이 있었다면 그것은 하나님을 창조자로 구원자로 고백하게 되면서 가능했던 것이었다. "당신은 우리를 당신을 향해 살도록 창조하셨습니다. 그러므로 우리의 마음이 당신 안에서 안식할 때까지는 편안하지 않사옵니다."26)라고 말할 때까지 그 자신 안에 남아 있던 심리적 갈등27)은 그 깊이만큼이나 더 높은 꿈을 꾸도록 하였다고 볼 수 있다. 그러나 그 꿈은 블로흐적 표현대로 하면 "밤 꿈"이라기보다 오히려 "낮 꿈"에 가깝다. 그에게 일어난 갈등은 현실을 초월하려는 유토피아의식과 현실 속에서 그 뜻을 실현하고자 하는 유토피아적 의지 때문이었다. "어떤 측면에서 볼 때 역사 가운데 있던 어떤 다른 시대보다 우리 시대와 더 유사한 시기에 살았던 가장 위대한 사상가"28)라고 정치철학자 한나 아렌트가 말했듯이 역사의 현실 한복판에서 고뇌하면서 살아간 정치 이론가이기도 하였다. 그에 있어서 하나님의 도성은 분명한 초월이었다. 그러나 이 초월은 현

---

26) "quia fecisti nos ad te, et inquietum est cor nostrum donec requiescat in te", Augustinus, Confessions, tr. by E. Pusey (London: J. Dent & Sons LTD, 1907), Ⅰ, 1쪽.

27) 아우구스티누스의 책에는 유난히도 반박하는 글이 많다. 마니교에 대한 반박의 글, 도나투스주의자를 반박하는 글, 펠라기우스주의에 대한 반박하는 글 등을 통해 그의 내적 불안과 갈등을 엿볼 수 있다.

28) Hannah Arendt, "Understanding and Politics", The Partisan Review (July-August 1953), 390쪽을 재인용. R. W. Batten-house, 앞의 책. 16쪽.

실을 떠난 이원론적 초월이 아니라 현실적 초월이었다. 이 땅을 떠난 구원이 아니라 이 땅에서 누리는 구원, 그리고 이 구원의 현장인 교회, 그래서 교회는 하나님 나라의 예표이며, 현실개혁의 토양이며, 하나님의 완성과 성스러움을 보여주는 공동체인 것이다.[29] 블로흐는 하나님의 도성이 유토피아 인가하는 질문에 대해 여러 번 그렇다고 답한다.[30] 아우구스티누스가 말하는 "성스러운 사회적 삶"(socialis vita sanctorum)을 블로흐는 "역사적 – 유토피아적 초월"[31]이라 부르면서 또 이렇게 말한다. "바울이 하늘의 국가(state in the heavens)를 이 세상과 무관한 저편에서 찾으려 하였다면 이와는 달리 아우구스티누스는 새로운 지상 위에 그 무엇을 설정하고 있다"[32]는 것이다. 이렇게 아우구스티누스를 유토피아주의자[33]로 말하는 것은 블로흐로서는 어쩌면 당연한 일이라 하겠다.

그럼에도 불구하고 아우구스티누스는 반유토피아주의적 입장

---

29) P. H. 507–508쪽 참조.

30) "하나님의 도성"이 유토피아아인가 하는 질문과 그에 대한 블로흐의 자문자답은 P. H. 502–509쪽까지 계속된다.

31) P. H. 508쪽.

32) P. H. 508쪽.

33) G. Vahanian, *Dieu et L'Utopie,* (Les Editions, Cerf, 1977), 119쪽에서 가브리엘 바아니안은 아우구스티누스를 사람들이 흔히 말하듯 역사 신학자로만 보지 않고 철저한 유토피아주의자(Utopiste radical)로 본다. 그 이유는 유토피아주의를 자연이나 역사를 신성화하지 않으면서 오히려 변증법의 초월을 통한 인간의 새로움을 말하려는 개념으로 이해하기 때문에 그렇다.

112

을 견지하기도 한다. 하나님의 도성과 지상의 도성 이 둘 사이의
팽팽한 긴장 사이에 있으면서도 아우구스티누스 자신의 궁극적
가치는 지상의 도성이 아닌 하나님의 도성에 있다. 하나님의 도
성은 선한 천사와 하나님을 사랑하는 백성으로 이루어진 사회요,
지상의 도성은 타락한 천사와 불신앙의 사람들로 이루어진 사회
이다. 아무리 이 두 도성이 세계사 안에 혼재되어 있다 할지라
도[34] 그리고 이 두 도성의 대립과 긴장이 계속된다 할지라도 역
사의 종국에는 이 두 도시가 분리되어 하나는 영원한 승리와 축
복으로 다른 하나는 불의 형벌로 끝나게 된다.

　　"두 가지 사랑이 두 도시를 건설했다. 자신을 사랑하는 사람
　이 지상의 도성(earthly city)을 만들었고 하나님을 사랑하는 사
　람이 천상의 도성(Heavenly city)을 만들었다. 따라서 지상의 도
　성은 자기 자신을 자랑하며 천상의 도성은 하나님을 사랑한다.
　전자는 사람의 영광을 구하고 후자는 양심의 증거자인 하나님의
　영광을 구한다. …… 지상의 도성에서는 지배욕이 귀족들과 피
　정복 민족들 위에 군림하고, 천상의 도성에서는 지도자와 피지
　도자들이 사랑으로 서로 섬기되 지도자는 그 지혜로 피지도자를
　복종으로 섬긴다. 지상의 도성은 그 권력자들이 나타내듯이 자
　체의 권력을 사랑하며 천상의 도성은 하나님께 '나의 힘이신 주
　님 내가 주님을 사랑합니다.'(시18:1)라고 한다."[35]

---

34) David Knowles, *Augustinus City of God*, (Pelican Classics, 1972),
　　430쪽.
35) 같은 책, 593쪽.

이렇게 "하나님의 나라"와 "세속도시"를 구별하여 말하는 아우구스티누스를 반유토피아주의로 규정하는 사람은 크리샨 쿠마(Krishan Kumar)[36]이다. 그는 로마제국의 멸망시대에 기독교의 현실적 한계를 절감해야 했던 아우구스티누스가 천상의 도시를 세속도시와 철저하게 분리시킴으로써(radical separation) 자신의 종교적 신앙을 보존시키고자 했다고 주장한다. 로마가 예루살렘과 같은 하나님의 거룩한 도성이라면 어떻게 하나님의 뜻을 배반하는 이방 야만족에 의해 침범되고 약탈될 수 있는가? 만일 지상의 어떤 도시가 하늘의 도시를 완전하게 드러낼 수 있다고 한다면 그 도시는 영원하고 완전하고 거룩하게 지속되어야 할 것이다. 그런데 지금 눈앞에 전개되는 이 땅의 현실은 어떠한가? 오히려 그 역으로 치닫고 있지 않은가? 아우구스티누스는 「하나님의 도성」을 완성한 다음 430년 그가 살고 있는 히포(Hippo)가 반달족에 의해 포위되어 공격받는 와중에 사망하였다.[37]

만일 기독교에서 강조하는 "완전성"(perfection)[38]의 추구가 기독교 유토피아주의를 낳게 하였다고 할 때, 이에 대한 신념은 헬레니즘 전통인 "신을 닮은 인간"(men like gods)의 모티프와 신플라톤 사상이 기독교의 완전한 인간의 추구의지와 만나 형성

---

36) Krishan Kumar, *Utopia & Anti-Utopia in Modern Times*, (Basil Blackwell, 1987), 11-13쪽 참조.

37) 「하나님의 도성」의 논리적 모호성은 그가 겪은 역사적 사건에 대한 신앙적 해석 때문이라고 본다.

38) 예수의 가르침 "하늘에 계신 너희 아버지가 완전한 것같이 너희도 완전하라."(마태 5:48)

114

된 것이라고 쿠마(K. Kumar)는 말한다.[39] 5세기의 디오니시우스 (Dionysius)는 인간이 신비적 방법으로 신과의 합일을 통해 신이 될 수 있다고 믿었으며 영지주의는 지고(至高)의 지식인 "그노시스"(Ύνώσις)를 인식함으로써 스스로를 정화시켜 완전자에 도달할 수 있다고 가르쳤다.[40] 아우구스티누스는 펠라기우스(Pelagius)[41] 와의 논쟁을 통하여 인간 스스로가 이 같은 완전한 신의 경기에

---

39) K. Kumar, 앞의 책, 12쪽.

40) 영지주의(Gnosticism)는 2세기 초 사투르니누스(Saturninus), 바실리데스(Basilides) 등에 의해 설파된 종교 사상으로서 일종의 신비한 지식인 그노시스(Ύνώσις)를 통해 구원의 경지에 도달할 수 있다고 주장하였다. 이 사상이 퍼진 시기는 신약 성서가 기록되던 때였으므로 적지 않은 영향을 성경에 끼쳤을 것으로 보기도 하지만 일반적으로 초기 기독교 영지주의와의 적지 않은 논쟁을 벌이며 형성되었다고 생각한다.

41) 펠라기우스(Pelagius)는 영국 웨일즈(Wales) 태생이며 뱅골(Bangor)에 있는 수도원의 수도사였으며 아우구스티누스가 살았던 시대인 410년 로마가 함락될 때까지 로마에서 활동하였다. 아우구스티누스가 "하나님의 절대은총"을 주장한 반면 펠라기우스는 "인간의 자유의지"를 중시했다. 그는 「의지의 자유에 대한 변호」(*Defense of the Freedom of the will*)라 부른 책에서 이렇게 썼다.
"우리는 양쪽 방향으로 행동할 수 있는 하나의 가능성을 하나님에 의해 우리 안에 부여받았다. 그것은 아주 많은 열매를 맺는 하나의 뿌리와 같다. 그것은 인간의 의지에 따라서 다양하게 산출하고 생산한다. 가꾸는 자 자신의 선택에 따라, 덕의 아름다운 꽃을 활짝 피울 수도 있고 악의 가시덤불로 가득 채울 수도 있다. …… 그러나 우리가 실제로 선하게 행동하거나 선한 말을 하거나 선한 생각을 하는 것은 우리 자신으로부터 시작된다." R. W. Battenhouse, 앞의 책, 255쪽 참조.
이후 418년 펠라기우스는 카르타고 회의(the Council of Carthago)에서 이단으로 정죄되었다. K. Kumar, 앞의 책. 13쪽 참조.

결코 도달할 수 없음을 그의 원죄(original sin)론을 통하여 주장했다. 이 원죄 교리가 정통 기독교의 교리가 됨으로써 "완전"의 가능성을 주장하는 기독교 사상은 급진주의로 내몰리어 이단시되었고 결국 기독교는 아우구스티누스를 앞세워 반유토피아주의의 길을 가게 되었다. 이후 제기된 전형적 기독교 유토피아주의라 할 수 있는 "천년왕국 운동"42)(millenarianism) 역시 비주류로 내몰리게 되었는데, 이러한 결과는 아우구스티누스의 신학이 기독교 신학 안에서 차지한 그 중심 위치 때문이었다. 쿠마의 논지를 정리한다면 기독교 유토피아주의의 맥이라 할 수 있는 신플라톤주의-디오니시우스 신비주의-그노시스 사상-펠라기우스 신학-천년왕국 운동 등은 기독교 정통주의자들에 의해 교회 밖으로 내몰렸고 이러한 배경에는 아우구스티누스의 신학이 핵심적 위치에 자리잡고 있었다는 것이다. 이런 점에서 아우구스티누스는 기독교 유토피아주의를 배척한 전형적 반유토피아주의자로 규정된다. 이렇게 볼 때 한쪽으로는 현실을 초월하려는 꿈과 이 꿈을 역사를 통해서 찾고자 했다는 점에서 아우구스티누스는 유토피아주의자였으며, 다른 한쪽으로는 이 같은 꿈이 역사 안에서는 결코 이루어질 수 없으며 역사의 종국은 지상에서 완성되는 하나님의

---

42) 천년왕국 운동은 기독교 메시아니즘의 일환으로서 요한계시록에서 말하는 지상천국을 이룰 수 있다는 신념체계를 말하는데 14세기 말 요하네스 후스(John Hus)를 중심으로 한 농민운동과 16세기 토마스 뮌쩌(Thomas Muntzer)를 중심으로 한 농민운동 그리고 재세례파(Anabaptist) 운동을 그 대표적 예로 든다. Norman Cohn, 「천년왕국 운동사」, 김승환 역, (한국신학연구소, 1993), 11-13장 참조.

도성이라기보다 오히려 "지상의 나라"가 파멸됨으로써 이루어질 "하나님의 도성"이라는 점에서 그는 반유토피아주의자였다고 볼 수 있다. 이런 점에서 「하나님의 도성」이 가지는 유토피아적 문제는 "유토피아"라는 개념 그 자체의 이중성(현실로는 존재하지 않으나 미래의 가능성으로는 존재하는)뿐 아니라 유토피아와 반유토피아의 이중성이기도 하다. 이제 그 문제를 좀더 검토해 보기로 하자.

앞서 2장의 논의에 의하면 「하나님의 도성」은 두 나라의 이원론적 대립 구도를 제시하고자 함이 아니었다.[43] 아우구스티누스의 관심은 어떻게 이 지상의 나라에 하나님의 나라가 개입되고 있는지를 보여주려는 것이었다. 그는 로마제국을 하나님의 나라로 동일시하지 않았으며 그렇다고 해서 사탄의 나라로 간주하지도 않았다. 그는 역사를 하나님의 구속사로 일치시키는 역사의 신성화를 거부하였으나 그렇다고 해서 역사를 악으로 규정하지도 않았다. 악은 본성적으로 존재하는 것이 아니라는 생각 때문이었다.[44] 만일 그가 단순한 유토피아주의자였다면 천년왕국론자와 같이 "이 땅 위에 하나님의 나라를 건설하자!"라고 분명하게 외쳤을 것이다. 만일 그가 단순한 반유토피아주의자였다면 마니교도 (Manichaism)와 같이 로마를 악으로 규정하며 이원론적 입장을

---

43) 본 연구 29쪽 참조.
44) "선의 결핍"(Privatio boni)은 "무로부터의 창조"(creatio ex nihilo)와 함께 아우구스티누스의 명구(名句)이다. D, Knowles, 앞의 책, 440쪽 참조. "원래 악은 본성이 없는 것이며, 선의 결핍을 악이라 부른다."

밝혔을 것이다. 그러나 "하나님의 나라"에 대한 유토피아적 기대는 "역사 안에서"(in history)가 아닌 "역사의 종말"과 함께였다. 그럼에도 불구하고 역사는 하나님으로부터 떠나서 존재하지 않는다. 역사는 하나님의 나라를 제시하며 하나님의 뜻을 드러내는 하나님의 구속사(Heilsgeschichte)인 것이다. 역사를 하나님과 동일시하지 않으면서 거기에서 어떤 의미를 찾고 자연을 하나님과 동일시하지 않으면서 그 안에서 하나님의 속성을 찾으려는 것은, 기독교가 하나님을 역사와 자연을 초월하면서 동시에 역사와 자연을 통해서 그 자신을 계시하는 존재로 보기 때문이다. 이것이 기독교가 창조자와 구원자로 신앙고백하는 하나님이다. 아우구스티누스의 역사관이 애매하고 모호하게 된 그 배경에는 이러한 그의 신관(神觀)이 있기 때문이다.[45] 그는 유토피아주의자로서 이 세상에 없으나 신앙으로 존재하는 완전한 국가인 「하나님의 도성」을 희망하였으며, 그는 반유토피아주의자로서 그 「하나님의 도성」을 이 땅에서 찾기보다 역사의 종말로 연기시켰다. 「하나님의 도성」은 엄밀한 의미에서 유토피아이다.[46] 그러나 「하나님의 도성」은 이 꿈이 지상에서는 결코 이루어질 수 없다는 반유토피아의 반증이

---

45) 「하나님의 도성」은 크게 1권(1장-10장)과 2권(11장-22장)으로 나뉘는데 특히 2권 11장은 창조주 삼위일체 하나님 신앙을, 12장은 기독교적 역사관을 보여준다.

46) P. H. 507쪽에서 블로흐는 "「하나님의 도성」이 엄격한 의미에서 유토피아인가?라고 자문하고 이에 대해 긍정으로 대답한다. civitas Dei strictly speaking a utopia? …… and yet the civitas Dei is a utopia."

다. 이것이 「하나님의 도성」이 갖는 역사에 대한 이중적 모호성이다. 이런 반문이 가능하다. 첫째로 만일 「하나님의 도성」이 유토피아라면 거기에는 왜 이상 국가를 위한 구체적 계획이나 인위적 실천 강령 등이 제시되어 있지 않은가? 둘째로, 만일 「하나님의 도성」이 반유토피아라면 왜 거기에는 완전한 국가로서의 하나님의 나라에 대한 열망이 그렇게도 강렬하게 묘사되었는가? 전자의 질문에 대한 답은 "반유토피아적 초월 때문"이며 후자의 답은 "유토피아적 초월 때문"이라고 말할 수 있다. 바로 이런 유토피아적 초월과 반유토피아적 초월 때문에 「하나님의 도성」은 유토피아주의와 반유토피아주의가 다 같이 범하고 있는 이데올로기적 병리로부터 자유로울 수 있을 것이다. 반유토피아적 초월 없는 유토피아주의가 닫힌 유토피아로 끝나듯이, 유토피아적 초월이 없는 반유토피아주의는 어두운 현실만 남게 되기 때문이다.

「하나님의 도성」은 지상의 도성을 초월한 대조적 의미에서의 하나님의 나라가 아니다. 그렇다고 해서 지상의 도성을 하나님의 나라로 바꾸기 위한 혁명적 프로그램도 아니다. 「하나님의 도성」은 어떻게 "하늘"의 속성이 "이 땅"에 개입되며 그 완성은 정말로 가능한가 하는 데 대한 유대-기독교적 신앙의 답변이다. 그 가능성을 발터 벤야민(Walter Benjamin)은 "역사의 연속성이 파괴"되고 "충만된 현재 시간"으로서의 "메시아적 개입"[47]이라고 말한다. 그는 사적 유물론과 메시아주의를 결합[48]한 사람으로 문

---

47) Water Benjamin, *"Uber den Begriff der Geschichte"*, 반성완 편역, 「발테 벤야민의 문예이론」, (서울: 민음사, 1983), 353-355쪽 참조.

명사를 야만사로 규정하면서 역사의 목적이 결코 신국(神國)일
수는 없다고 한다. 신국은 오히려 역사의 목적(Ziel)이 아니라 그
끝(Ende)이어야 할 것이라는 것이다.[49] 이는 역사 자체에 구원
이라는 목적이 있는 게 아니라 신적 개입에 의해서 역사의 끝에
서나 있을 일이라는 것을 의미한다.[50] 그는 이렇게 역사 그 자체
에 대해 비관주의적이다. 그럼에도 불구하고 그는 일반 세속사
(Weltgechichte)를 신앙의 눈으로 바라본다. 역사는 절망의 바닥
을 딛고 일어서는 희망 같은 것으로 ……

> "인간은 어떻게 절망에 도달하게 되었는지를 알 때, 절망 속에
> 서도 살아갈 수 있는 것이다. 그는 이제 그 절망 속에서도 살아
> 갈 수 있다. 왜냐하면 그럴 때 그의 절망적 삶은 중요한 것이기
> 때문이다. 이때 침몰한다는 것은 언제나 사물의 근저에 도달한다
> 는 것을 의미한다."[51]

벤야민에게 있어서 "역사와 신국, 세속정치와 신정정치는 서로
다른 것이며, 후자가 전자의 목적일 수도 없다. 그러나 양자는 서

---

48) N. Bolz, *Walter Benjamin*, 김득룡 역, 「발터 벤야민 예술·종교·
   역사철학」, (서울: 서광사, 2000), 13쪽.

49) Benjamin, *"Theologisch-Politisches Fragment"*. Gesammelte Schriften,
   (Frankfurt/M: Suhrkamp Verlag, 1972-1989), II, 203쪽.

50) N. Bolz, 앞의 책, 14쪽.

51) Benjamin, *"Kommentare zu Werken von Brecht"*, GS II. 509쪽.
   「발터 벤야민 예술·종교·역사철학」에서 역자의 글 14쪽에서 재
   인용.

로 무관한 것이 아니라 상호 역작용하는 역동성을 지닌 채 교섭한다. 신적으로 되면 될수록 더욱 세속적으로 된다.”는 식으로, 마치 변증법적 관계를 드러내는 반립적 개념으로서의 양자가 병치적 방법으로 서로를 규제하면서 존재하듯이 그렇게 존재한다는 것이다.[52] 「하나님의 도성」에 대한 보다 근접한 이해는 이러한 “상호 역작용의 역동성”으로서의 양자적 관계이다. 아우구스티누스의 「하나님의 도성」의 가치는 하나님의 나라와 세상의 나라, 하나님의 도성과 지상의 도성, 이 양자가 역사 안에 함께 있다는 것 그러나 이 둘은 구별될 수 있는 것이며 또 그렇게 되어야 한다. 언젠가는 역사의 종국에는 그렇게 될 것이다. 그러나 아직은 아니다. 따라서 우리는 혼동하기도 하고 혼란을 겪는다. 이렇게 「하나님의 도성」 안에는 아우구스티누스 자신의 유토피아성(性)과 반유토피아성(性)의 양면성이 공존한다. 이 양면성이 우리로 하여금 역사에 대한 혼돈을 일으키도록 했다. 그 혼돈은 한편으로는 역사를 하나님의 인류를 위한 구속사

---

52) 이때의 변증법은 헤겔의 그것이 아닌 아도르노(Adorno)와 벤야민의 “부정의 변증법”을 뜻한다. 아도르노에 의하면 “대상들이 그 개념과 동화되지 않는다는 점, 또 이 대상들이 전통적 적합성(adaequatio)의 규범과 모순에 빠진다는 점을 말할 뿐이다. …… 모순은 동일성이, 즉 개념으로 파악된 것이 개념과 동화된다는 생각이 허위라는 표시이다.” 따라서 동일성의 철학이 부정된다는 의미에서의 부정의 변증법이다. 이러한 부정의 변증법 입장에서 “유토피아는 유토피아가 실현되지 않으리라는 저주 속에까지 파고든다.”라고 말할 수 있다. T. Adorno, 「부정변증법」, 홍승용 역, (서울: 한길사, 1999), 57-65쪽 참조.

(Heilsgaschichte)로 믿으면서 다른 한편으로는 모든 역사 사건을 구원사로 간주하도록 하는 것을 거부하려 하기 때문에 발생된다. 이것은 신앙과 이성의 관계 때문이기도 한데, 신앙의 눈으로는 역사를 하나님의 섭리(providence)로 보면서 이성의 눈으로는 구원사로 볼 수 없는 세속사(weltgechichte)의 문제 그 사이에서 일어나는 혼란이기도 하다. 아우구스티누스의 신앙과 이성의 관계는 이러하다: 그는 "믿지 않는다면 이해할 수 없다"(nisi credideritis, non intelligetis)[53]는 신앙 우위의 입장에 서 있었다. 그러나 이성을, 인간의 의지와 같이, 타락한 것으로 본 것은 아니었다. 그에게 있어 "이성은 신앙의 조명을 받을 때 그 안에서 우리의 인간 본성이 완성되는 곳"[54]이다. 이성은 하나님의 형상이며 따라서 신성에 참여하고 있다는 것이다.[55] 인간의 타락에도 불구하고 이성은 하나님의 계시를 통해 진리를 깨닫게 하는 출발점이 된다. 이런 점에서 아우구스티누스는 기독교 신앙의 우월적 가치에도 불구하고 플라톤 철학의 전통적 이성에 대한 존중을 유지시켰다고 할 수 있다. 이러한 신앙과 이성, 이성과 신앙의 두 관점은 이후 중세 교부 철학을 낳게 하는 출발점이 되었으며 지금까지[56] 역사를 이해하는 두 기둥이 되어 왔다.

---

53) D. Knowles, *Augustine, City of God*, 320쪽.

54) R. Battenhouse, 앞의 책. 349쪽.

55) A. W. Haddan, *Nicene and Post-Nicene Fathers, Series I*, XIV. 8. 11쪽.

56) 여기에서 지금까지라 함은 20세기 중반 독일의 역사철학자인 K. Loewith의 역사관에 이르기까지의 Augustinus의 영향을 말한

아우구스티누스의 기독교적 역사해석은 헬레니즘 전통의 주기적 순환의 반복이라는 시간관과 대조되는 것으로서 미래의 목적을 향해 직선적으로 흘러가는 시간관에 입각한 것이 그 특징이다. 이러한 직선적 역사관은 그대로 헤겔의 역사철학을 이루는 기조가 되었다. 만일 헤겔을 역사철학자로 볼 수 있다면 그 영향은 다름 아닌 아우구스티누스로부터 받은 것이라 할 수 있다. 아우구스티누스가 영원한 윤회로서의 고전적 시간 개념을 거부하고 시작과 끝이 있으며 그 끝은 하나님의 완성이라는 기독교적 역사철학을 펼쳤다고 했을 때, 그는 본인의 의도와는 관계없이 헤겔이라는 기독교적 역사철학자를 제자로 키운 셈이다. 만일 아우구스티누스와 헤겔을 역사철학자로 묶는 것이 가능하다면 헤겔은 역사에 대한 관심을 스승보다 철저히 하였다 하겠다. 그에게 있어 "역사는 하나님의 본성의 전개"[57]이며 "세계사는 정의의 법정"이 되는 것이다. 이런 결과로서 헤겔은 신국(神國)을 실제 세계사의 관점에서 이해하는 데 어떤 모호성을 느낄 필요가 없었다. 아우구스티누스가 이성을 지닌 신앙주의자였다면 헤겔은 신앙을 지닌 이성주의자였다. 아우구스티누스는 신앙 우위를 나

다. Loewith는 「*Weltgeschichte und Heilsges- chehen*」 이석우 역, 「역사의 의미」, (서울: 탐구당, 1990)에서 일반 세계와 기독교적 구원사로 구별하여 전자는 "이성"이라는 눈으로 후자는 "신앙"이라는 눈으로 역사를 보게 됨으로 일어나는 이중성의 문제를 다루고 있다. 242-245쪽 참조.

57) Hegel, *Vernunft in der Geschichte*, 48쪽. 김균진, 「헤겔철학과 현대신학」, (서울: 기독교출판사, 1980), 38쪽에서 재인용.

타내려 하였고 헤겔은 이성 우위의 입장을 견지하고자 하였다. 세계사(Weltgeschichte)와 구속사(Heilsgeschichte)를 통합시키려 하거나, 하나님의 정의를 드러내는 법정으로 세계사를 보거나, 역사의 의미와 목적을 지속적으로 추구하지 않았다는 점에서,[58] 아우구스티누스는 반유토피아적일 수 있다. 그럼에도 불구하고 기독교적 신앙의 관점에서 역사를 해석한 역사철학자라는 점에서 아우구스티누스는 유토피아적이기도 하다는 것이며 이러한 모호한 양면성은 그의 「하나님의 도성」에 나타난 그대로의 유토피아적 혼란의 이유가 되었다. 그는 이 양면성을 유토피아적 차원에서 분명하게 나타낼 필요를 느끼지 아니하였을 것이다. 그가 살았던 5세기는 유토피아의 시대가 아니었으며 유토피아의식이 구체적으로 자리잡기 이전의 시대였기 때문이었다. 그러나 이렇게 유토피아적이며 동시에 반유토피아적이기도 한 「하나님의 도성」은 이 같은 애매한 특성 때문에 오히려 유토피아적 논쟁을 야기하는 보고(寶庫)가 될 수 있었다. 아우구스티누스의 「하나님의 도성」에 나타난 이러한 유토피아와 반유토피아의 양면적 관계를 기독교 유토피아를 뜻하는 "하나님의 나라"라는 개념 안에서 다시 한번 다루어 보기로 하겠다.

---

58) K. Loewith, 앞의 책, 242-245쪽.

3) 하나님의 나라: 유토피아와 반유토피아의 변증법

"하나님의 나라"는 신구약성서의 일관된 주제이며 예수의 삶과 그의 선포의 핵심 내용이었다. 구약성서가 하나님의 나라를 고대하는 신앙공동체의 간절한 외침이라면, 신약성서는 이 하나님의 나라가 다가왔다는 선언이라 할 수 있다. 이 "다가 올" 하나님의 나라와 "다가 온" 하나님의 나라 그 한가운데 예수가 존재한다. 그리고 예수를 그리스도로 고백하는 교회 공동체는 오늘도 하나님의 나라가 이 땅 위에 이루어지기를 기도한다.[59] 한편으로는 예수와 더불어 하나님의 나라가 이미 시작되었다는 믿음과, 다른 한편으로는 아직 완성되지 않은 하나님의 나라가 도래할 것을 기대하면서 기도하는 신앙공동체인 교회는 이미 왔으나(already) 아직 오지 않았다(not yet)는 양 국면 사이의 긴장 속에 존재한다.[60] 이 점에서 예수는 하나님의 나라가 이미 왔다는 표상이며 교회는 하나님의 나라가 아직 오지 않았다는 표상이다.

---

59) 주기도문의 내용으로서 "뜻이 하늘에서 이루어진 것같이 이 땅에서도 이루어지이다."

60) 하나님의 나라의 양 국면 중에서 어느 하나(현재적 측면 아니면 미래적 측면 중에서)만을 강조하는 태도에 대한 경고는 D. Cullmann, *Christ and Time*, (Westminster Press, 1949), 8쪽을 참고할 수 있으며, 예수를 통하여 하나님의 나라는 이미 왔으며 하나님의 뜻은 실현되었다고 하는 "실현된 종말론"은 C. H. Dodd, *The Parables of the Kingdom*, (New York: chas, scribner's sons, 1935)를 참고할 것.

이렇게 "하나님의 나라가 가까이 왔다"는 예수의 선언과 아직도 오지 않았으므로 "당신의 나라가 임하옵소서"라고 기도하는 교회 공동체의 기도는 기독교 유토피아의 이중적 특성을 잘 나타낸다고 볼 수 있다.[61] 만일 기독교 유토피아를 이러한 하나님의 나라 관점에서 본다면 기독교 유토피아는 이미 이 세상에 현존한다는 것과 동시에 그것은 현실 세계에 존재하지 않는다는 "모순"을 뜻한다. 이 점에서 기독교 유토피아인 하나님의 나라는 토마스 모어가 말한 본래의 그 유토피아, 즉 한편으로는 없으면서(no place) 다른 한편으로는 존재하는(good place) 양면성을 그대로 유지하고 있다. 다시 말해서 기독교 유토피아는 하나님의 나라의 이중성과 유토피아의 양면성을 견지함으로써 그 정체성을 보유한다. 그런데 이러한 이중성과 양면성은 우리가 지금까지 다루어 온 주제인 유토피아와 반유토피아의 양립관계와 그 방법론적으로 일치한다. 블로흐의 유토피아주의의 한계가 포퍼에 의해 지적되고, 포퍼 또한 그의 반유토피아론의 문제가 드러난다고 할 때, 그리고 유토피아와 반유토피아는 서로를 마주 바라보도록 하는 관계로 정립되어야 한다고 볼 때, 이러한 유토피아와 반유토피아 사이의 변증법적 관계는 하나님의 나라의 이중성을 잘 해석하는 방법론이 된다.[62] 이때 양자는 벤야민과 아도르노가 말

---

61) J. Bright, *The Kingdom of God*, 김철손 역, 「하나님의 나라」, (서울: 컨콜디아, 1973), 308-309쪽.
62) 여기에서 말하는 "변증법"은 헤겔의 개념이 아니라 벤야민과 아도르노가 사용하는 "부정의 변증법"의 원리를 말한다.

하는 소위 "부정의 변증법"적 관계를 빌어 표현한다면, 역사적 실재의 양극을 이루고 있는 상호 규제 이념[63]이 되는 것이다. "양자는 서로의 빛 아래에서만 참된 의미로 나타나게 되어 있으며, 이로써 이데올로기적 주술화로부터 해방의 길이 열린다."[64] 이데올로기적 주술화의 위험은 그대로 유토피아와 반유토피아의 병리가 되는 것이다. 이것은 양자 중 어느 하나가 다른 하나에 귀속될 때 일어나는 현상을 말한다. 역사와 자연의 경우 "역사를 자연에 복속시키고자 할 때 비합리적인 물적 고통을 운명적으로 보게 되며, 그 역일 때 역사 진보론의 허위에 빠지게 되듯이"[65] 유토피아와 반유토피아의 관계도 서로에 있어서 상호 규제적이어야 한다. 물적 자연에 대한 폭력을 대가로 얻은 "진보사관"의 병리는 반유토피아적 규제 없이 일방적으로 치닫는 유토피아주의의 병폐와 같다. 이와 같은 비판은 인류의 문명사를 "야만사"로[66] 규정하고 유토피아의 결말을 디스토피아로 규정하는 일이기도 하다. 역으로 반유토피아주의 또한 유토피아적 규제 없이는 초월성도 상상력도 없는 "죽은 유토피아의 사회"만을 남겨 줄 뿐이다.

---

63) Buck-Morss, *Origin of Negative Dialectic*, (New York: The Free Press, 1977), 49쪽 이하에서 말하는 대로 양자 모두 존재론적 제1원리 일 수 없다는 것이다.

64) N. Bolz, 앞의 책, 9쪽.

65) 같은 책, 10쪽.

66) 벤야민(W. Bengamin)은 "역사철학테제"에서 인류의 문명사를 야만사로 규정하며 역사를 그 결에 거슬러서 손질하는 것을 과제로 삼는다.

"하나님의 나라는 이미 다가왔다"[67] 그러나 하나님의 나라는 아직 이루어지지 않았기에 교회 공동체는 아직도 그 나라가 도래하기를 바라며 "마라나다"($\mu\alpha\rho\alpha\nu\alpha\ \theta\alpha$)[68]를 기도한다. 이렇게 한 편으로는 현존하며 다른 한편으로는 초월하는 양자의 양립적 관계가 곧 하나님의 나라의 존재양태이며 그 속성이다. 현존하는 하나님의 나라를 강조하다 초월적 하나님의 나라를 약화시킨다든지, 아니면 초월하는 하나님의 나라를 주장하다 현존하는 하나님의 나라를 등한시한다면 이는 하나님 나라에 대한 올바른 이해라고 할 수 없다. 현존하는 하나님의 나라는 기독교의 유토피아적 측면이며 초월하는 하나님의 나라는 기독교의 반유토피아적 측면이다. 기독교가 유토피아적 종교인가 아니면 반유토피아적 종교인가의 갈림도 이 하나님의 나라에 대한 해석에 달려 있다. 만일 그가 기독교 유토피아주의자라면 하나님 나라의 현존성을 강조할 것이고 만일 그가 기독교 반유토피아주의자라면 하나님 나라의 초월성을 강조할 것이다. 블로흐는 유토피아주의자로서 이 땅에 우리 가운데 이루어지는 신국 건설자로 예수를 보았고 이러한 예수를 인간의 마음속으로 영적으로 내면화시킨 자로 바울을 들었다. 그 결과로 바울은 이 세상에서 이루어져야 할 하나님의 나라를 저쪽의

---

67) 신약성서 마가복음 1:15의 말씀으로 헬라어는 "$\hat{\eta}\gamma\gamma\iota\kappa\varepsilon\nu\ \hat{\eta}\ \beta\alpha\sigma\iota\lambda\varepsilon\iota\alpha\ \tau o\acute{u}\ \theta\varepsilon o\acute{u}$"이며 동사 "$\hat{\eta}\gamma\gamma\iota\kappa\varepsilon\nu$"은 $\dot{\varepsilon}\gamma\gamma\iota\zeta\omega$(다가오다, 가까이 있다)의 완료형으로서 "다가왔다"(has come)는 것을 뜻한다.

68) 요한계시록 22:20에 나오는 종말적 공동체인 교회의 기도 내용으로서 $\mu\alpha\rho\alpha\nu\alpha\ \theta\alpha$는 아람어(Aramaic)로 "주님이여 오시옵소서"를 뜻한다.

세상으로 방향 돌림으로써 예수에게 있었던 사회적 변화와 혁명적 파국에 대한 기대와 관심이 사라져 버리게 되었다는 것이다. 블로흐에 따르면 바울은 예수의 제자가 아니라 예수를 왜곡시킨 자에 불과하다. 예수가 이 세상을 강조했다면 바울은 저 세상을, 예수가 지배계층과의 대치 속에 살았다면 바울은 그들과 타협했으며, 예수가 세상 권력에 대한 피해자였다면 바울은 세상 권력의 호혜자가 된다. 이 같은 예수의 바울에 대한 상반된 견해는 예수와 바울 자신의 본래 입장의 차이라기보다 블로흐가 생각하는 하나님 나라에 대한 일방적 해석 때문이라 할 수 있다. 그는 철저한 유토피아주의자였기 때문에 반유토피아적 견제를 결코 받아들이고자 하지 않았기 때문이다.[69]

이같이 한쪽으로 치우친 경우의 반대편에 포퍼(K. Popper)가 있다. 그는 그의 「열린사회와 그 적들」을 마치면서 "역사에 어떤 의미가 있는가?"[70]라고 마지막으로 물었다. 그는 이에 대해 역사는 아무런 의미도 갖고 있지 않다고 자신 있게 말한다. 소위 역사라는 것, 의미로서의 역사라는 것, 이것은 정치적 권력에 의해 인위적으로 조작된 것에 불과하다. 이 같은 주장이 기독교 옹호론자의 반격을 받게 될 것이라고 예상하며 그는 이렇게 덧붙인다.

"하나님이 역사 속에 자신을 계시하며, 역사는 의미를 지니며 그 의미는 하나님의 목적이라는 교리를 뒷받침해 줄 만한 어떤

---

69) P. H. 496-502쪽. "성서와 이웃사랑의 나라" 편 참고.
70) O. S. 259쪽. 이 말은 ch.25의 제목이다.

신약 성서적 근거가 없음에도 불구하고 사람들은 이 같은 역사에 대한 의미를 교리로 믿어 왔다. 이리하여 역사주의는 기독교의 필수 요소처럼 인식되어 왔다. 그러나 나는 그러한 주장을 받아들이지 않는다. 이런 견해는 우상숭배이며 미신에 불과하다."[71)]

포퍼는 역사 자체는 아무런 의미를 가지고 있지 않으나 어떤 사람에 의해서 역사에 의미가 부여되는 것이라고 주장하는 것이다. 그리고 기독교는 본래 역사에 어떤 의미를 부여하는 종교가 아니라는 것을 반증하려는 것이다. 그는 반유토피아주의자답게 역사 속에서, 또 역사를 통해서 신국이 건설되리라는 믿음을 역사에 대한 우상숭배라고 경고한다. 그는 비판적 합리주의자로서 신앙 없는 이성의 눈으로만 역사를 보려 하였다. 그러나 어느 기독교인이 (그가 진실한 크리스챤이라면) 이렇게 외눈으로만 역사를 보고자 하겠는가? 역사 속에서 또 역사를 통해서 하나님의 섭리를 찾고자 하는 것이 왜 반기독교적이 되어야 하는가? 이는 역사주의를 옹호하려 함이 아니다. 역사주의와 기독교의 관계에 대하여 헤겔보다는 오히려 키에르케고르가 더 타당한 견해를 지녔다고 생각한다.[72)] 헤겔식의 역사관에는 고난과 박해, 실패와 절망, 십자가와 순교를 통해서 나타나는 기독교 본래의 순수한 신앙이 자리잡을 틈이 없다. 거기에는 오직 승리하는 하나님만 존재할 뿐이다. 역사의 신성화는 분명히 잘못된 신앙이다. 역사가

---

71) O. S. 271쪽.
72) O. S. 275쪽.

하나님은 아니기 때문이다. 여기까지는 포퍼의 말이 맞다. 그러나 포퍼는 유토피아주의를 배격한 나머지 기독교 신앙 안에 분명하게 자리잡고 있는 하나님의 메시아적 개입으로서의 기독교 유토피아까지 부정하려 한다. 지금까지 논한 하나님의 나라의 양면성 중에 "이미 이루어졌다"는 현존하는 유토피아를 경시한 나머지 "다가오는" 초월의 유토피아마저 부정하는 결과를 가져 왔다. 경도된 유토피아주의만큼 경도된 반유토피아주의 역시 기독교 유토피아를 바로 보여주지 못한다. 그 역시 하나님 나라에 대한 일방적 해석 때문에 철저한 반유토피아주의자로서 유토피아적 견제를 받아들이고자 아니 하였다.

하나님의 나라는 유토피아적이며 동시에 반유토피아적이다. 유토피아적이란 말은 우리가 살고 있는 이 땅에서 이루어지기 시작한 하나님의 나라에 대한 확신에 기인한 것이며, 반유토피아적이란 말은, 이 세상은 아직 하나님의 나라가 아니라는 불신에 기인한 것이다. 이러한 확신과 불신, 긍정과 부정의 양립은 형식 논리로는 모순되지만 하나님의 나라를 어느 한쪽에 치우치지 않고 잘 나타내주는 방법이 된다. 하나님의 나라를 이 세상적으로만 이해하려 한다면 기독교는 정치적 혁명이나 사회변혁을 위한 종교가 될 것이며, 반대로 하나님의 나라를 저 세상적으로만 이해하려 한다면 기독교는 마음의 종교, 마음을 달래는 피안의 종교가 될 것이다. 기독교가 이 수평적 차원과 수직적 차원을 함께 아우르기 위해서는 하나님 나라에 대한 두 속성, 즉 유토피아와 반유토피아의 변증법적 양립을 견지하며 그 긴장을 잃지 않아야 할 것이다. 이를 통해 기독교 유토피아는 정립될 수 있을 것이다.

지금까지의 기독교 유토피아는 어느 한쪽에 치우친 것이었다. 기독교가 유토피아주의와 손을 잡음으로써 역사를 우상화하거나, 현실적 성공을 정당화하거나, 정치적 혁명을 자극하는 종교가 되는 어리석음을 범했다면 반대로 반유토피아주의와 손을 잡음으로써 기독교는 비현실적 내세지향의 종교로서 현실과 괴리되는 어리석음을 범했다고 볼 수 있다. 이러한 어리석음의 과정 속에는 이데올로기적 종교로서의 병리적 현상이 늘 도사리고 있었다. 이렇게 한쪽으로 치우친 기독교 유토피아의 이데올로기성을 벗어나 새로운 유토피아를 제시하는 종교로 거듭나야 할 것이다.

특정한 이데올로기가 종말을 맞게 된다는 것은 역사의 과정에서 살펴볼 때 비극이 아니라 오히려 희망일 수 있다. 이데올로기의 정체가 폭로됨으로 기존 사회의 허위의식과 비인간화와 지배와 배제 등의 사회적 갈등 요소가 적나라하게 밝혀지게 되기 때문이다. 사람은 이러한 이데올로기가 어서 끝나주기를 기대하며 소원하기도 한다. 그러나 "이데올로기의 종말"이란 말은 그 자체로서 또 다른 희망의 이데올로기가 될 수 있다는 말이다. 유토피아의 경우는 이와는 사뭇 다르다. 유토피아는 종말의 여부를 논할 대상이 아니다. 유토피아를 포기한다는 것은 인간의 포기이고 사회의 포기이고 역사의 포기이다. 더 이상의 유토피아적 상상력이나 이러한 것에 대한 현실적인 시도가 불가능한 사회나 역사는 그야말로 모든 것의 종말이기 때문이다. 이러한 점에서 이데올로기의 종말은 새로운 유토피아의 시작인 것이다.

유토피아가 전체주의(totalitarianism)와 동일시되고, 이데올로기와 동일시되게 된 책임은 칼 포퍼와 다니엘 벨에게 있으며 이들의 비판 대상은 사실은 사회주의라는 이데올로기였다. 그러나 엄밀히 말해서 사회주의라는 이데올로기는 이데올로기 일반이 아닌 특정한 이데올로기에 불과한 것이며 또한 이것들을 유토피아와 동일시한다는 것은 크게 잘못된 일이었다. 만일 이들이 지적한 대로 사회주의라는 이데올로기가 유토피아적 사상에 근거하고 있기 때문에 유토피아를 비난한 것이라고 한다면 역으로 말해서 포퍼와 벨이 주장하는 반사회주의적이며 자유주의적이고 개인주의적이고 비판적 합리주의 사상도 그 근거에는 유토피아성이 자리잡고 있다고 할 수 있다. 왜냐하면 그들의 무조건적인 전제인 "열린사회" 역시 일종의 유토피아적 가치이기 때문이다. 그러므로 우리는 유토피아를 떠나서 살 수 없다. 다만 새로운 유토피아를 찾을 뿐이다.

새로운 유토피아는 첫째로 과거의 유토피아가 그래 왔듯이 "메타 유토피아(meta-utopia)"[73]로서의 공동체를 그 실험의 장

---

73) Robert Nozick, Anarchy, State, and Utopia, 「아나키에서 유토피아로」, 남경희 옮김, (서울: 문학과 지성사, 1997), 384쪽. 저자의 이 개념은 유토피아적 실험이 시도될 수 있는 환경, 즉 다양하게 유토피아적 공동체를 실험할 수 있는 환경을 뜻한다. 지금까지 유토피아는 공동체적 실험을 통하여 전개되어 왔다. 노직에 의하면 공동체는 실제 세계라기보다 "대안적 세계(alternative world)"이며 "가

으로 삼아 출발할 수 있다. 둘째로 그 공동체는 개인권과 공동선을 함께 아우르며 전개되어야 할 것이다. 셋째, 이 일은 공과 사를 함께 살리는 길을 모색해야 한다. 이제 유토피아의 적은 더 이상 반유토피아가 아니다. 따라서 공동체주의와 자유주의, 공적 영역과 사적 영역의 문제는 양자가 충돌하며 상대를 깨뜨리는 방법이 아니라, 서로를 마주보게 하는 양립의 구조를 통해서 극복될 수 있다고 본다. 새로운 유토피아는 반립적 공존의 원리로 존재한다. 앞에 말한 대로 역사와 자연의 경우처럼 어느 하나를 강조하여 다른 하나를 경시할 때, 역사주의 아니면 자연주의에 빠지는 결과를 낳는다. 전자는 진보사관의 이름으로 자연을 훼손하고 후자는 역사성을 상실한 채 자연을 신비화함으로써 양자는 모두 이데올로기화하여 인간과 시회를 억압한다는 말이다.

이 공동체는 반립적 공존의 원리로 존재한다. 앞서 논술한 바와 같이 역사와 자연의 경우처럼 어느 하나를 강조하여 다른 하나를 경시할 때 역사주의 아니면 자연주의에 빠지는 결과를 낳는다. 전자는 진보사관의 이름으로 자연을 훼손하고 후자는 역사성을 상실한 채 자연을 신비화함으로써 양자는 모두 이데올로기화하여 인간과 사회를 억압한다.

따라서 양자는 "상호 규제적 개념"으로 공존한다. 그렇지 않을 경우 하나는 다른 하나에 잠식될 뿐이다. 지금까지 양립의 구도 안에 다루어 온 쟁점의 내용을 이 반립적 공존의 틀에서 재검토

능적 세계(possible world)"이다. 그는 공동체를 우리가 상상할 수 있는 최선의 세계를 위한 실험이라고 말한다.

한다면 이 틀 안에서 양자는 상호 규제의 원칙 속에 서로를 살리는 공동체의 모습으로 실현될 것이다. 한편에는 유토피아－공(公)의 가치－공동선(善)이 존재하며, 다른 한편에는 반유토피아－사(私)의 가치－개인권(權)이 존재한다. 이때 유토피아는 구체화되지 않은 "선재적 구조의 신비"를 지니고 있으며, 반유토피아는 유토피아로 하여금 "공간적 질료"로 나타나도록 하는 역할을 해준다.[74] 이것은 자연과 역사, 신앙과 이성의 관계에서 드러나는 것으로서, 양자의 관계가 무시된 채 어느 한편에 의한 다른 편의 소멸을 보는 현실은 병리이며, 이를 부추기는 교설은 이데올로기가 될 뿐이다. 이렇게 양자의 모순된 두 가치가 긴장과 역동성을 잃지 않으면서 살아 숨쉬는 곳, 이 상호 규제적 원리가 유지되는 터전을 위한 꿈과 실험, 여기에 새로운 유토피아로서의 기독교 유토피아의 가능성이 있다고 믿는다.

---

74) 아도르노의 영감을 받아 김득룡은 "빛과 소리"(12쪽)에서 이같이 말한다. "예컨대 언어적 실재에 있어서, 시각적 문자성은 자체 내에 청각적 내용을 나타내게 하여 후자가 공간적 질료로 나타나게 하는 것으로 보인다. 그러나 동시에 청각과 구술성은 아직 이성이 침투하지 못하여 시각과 문자성으로 구체화되지 않은 선재적 구조의 신비를 지니고 있는 것이리라."

제5장 맺는 말

칼 만하임은 「이데올로기와 유토피아」를 이러한 말로 끝맺었다.

"여기에서 존재 초월성의 두 가지 양식 사이의 가장 기본적 차이점이 드러나는데 이데올로기의 편에서는 그의 몰락이 어떤 특정 계층의 위기를 가져오며 이데올로기를 폭로함으로써 밝혀진 객관적 사실은 사회로 하여금 전체에 대한 자기 규명을 가져다주는 것이 되었으나, 이와는 달리 유토피아적 요소의 소멸이란 인간성과 인간화에 대한 전체적 양상에 있어서의 어떤 변화를 가져올 것이라는 것이다. 다시 말해서 유토피아가 사라지면서 인간은 사물에 불과하다는 정체 (停滯) 상태가 도래할 것이며 결국 상상하기조차 싫은 모순에 봉착하게 될 터인데, 그렇게 오랫동안 고뇌의 나날을 보낸 뒤 영웅적 발전 단계를 거쳐 이제 최고의 의식 수준에 이른 상태에서 역사가 유토피아를 포기함으로써 맹목적인 운명을 멀리하고 점차 인간의 창조물로 변해 갈 때, 인간은 역사를 만들어 나가겠다는 의지를 잃게 될 것이며, 그에 따라 역사를 이해하는 능력도 상실하고 말 것이다."[1]

유토피아로 시작해서 이데올로기적 종말로 21세기는 끝이 났다고 한다. 그럼에도 불구하고 21세기는 새로운 유토피아적 밀레니움(millenium)을 기대하고 있다. 과거의 극심한 유토피아적 환멸에도 불구하고 인간은 여전히 유토피아적 꿈을 꾸며 살아간다.

---

1) K. Mannheim, 앞의 책, 216쪽.

절망으로 추락하는 힘보다 절망의 바닥을 딛고 희망의 봉우리로 비상하는 힘이 더욱 강한 법이다. 절망하는 존재이면서 동시에 희망하는 존재인 인간은 자신에게 다가오는 힘으로 현존하는 이 희망 때문에 오히려 절망하는지도 모른다.

지난날 유토피아의 탈종교화 과정이 어떠했던지 유토피아가 원래 기독교적 배경에서 잉태되었다는 점은 아직도 중요한 논제가 될 수 있다. 그것은 권리나 기득권이 아니라 출생에 대한 책임의 차원에서 하는 말이다. 지금까지 역사 속에 부침(浮沈)을 거듭해 온 여러 형태의 유토피아에 대해 기독교는 언제부터인가 무비판적으로 동조하거나 아니면 외면해 오지 않았나 자문해 본다. 유토피아에 대한 기독교적 반성, 다시 말해서 이데올로기적 억압으로 그 생명력을 다해 버린 수많은 유토피아적 이념들에 대한 기독교인으로서의 반추가 이 글의 동기가 되었다. 또한 그동안 역사와 사회 안에서 저질러진 엄청난 유토피아적 병폐를 직시하며 과연 새로운 유토피아는 가능하며 또 필요한 것인지를 묻지 않을 수 없었다.

나사렛 예수 그가 전한 "하나님의 나라"는 이 새로운 유토피아를 위한 핵심적 원리로서 그 가치를 가진다. "하나님의 나라"라는 메시야적 유토피아는 오늘의 기독교 공동체 안에서 어떠한 원리와 형태로 존재할 수 있을 것인가? 우리가 기독교 유토피아를 말한다고 할 때, 예수 시대와 21세기 사이의 시간적 간극을 뛰어 넘는 방향 제시로서 하나님의 나라는 여전히 그 효력을 가지는가? 이 글은 하나님의 나라가 지닌 양면성에 주목하였으며,

이 양면성이 아우구스티누스(Augustinus)의 「하나님의 도성」과 토마스 모어(T. More)의 「유토피아」에 그대로 그 유토피아적 특성으로서 내재되어 있음을 밝히려 하였다. 근대 유토피아에 대한 실현의지가 강해지면서 이를 혁명적 방법으로 성취시키려는 의도 때문에 반유토피아적 문제가 발생하게 된 것이다. 그럼에도 불구하고 반유토피아는 유토피아에 대한 꿈을 저버리게 하기보다 오히려 유토피아에 대한 새로운 지평을 열게 하는 계기가 되었다. 이것을 이 연구는 유토피아와 반유토피아의 양립적 구도로 설명하려고 시도하였다.

블로흐(E. Bloch)의 유토피아주의와 포퍼(K. Popper)의 반유토피아주의가 지닌 각각의 특성과 문제점을 분석하는 과정에서, 양자가 상대를 거부하고 일방적으로 나아갈 때 본의 아니게 모두 이데올로기화될 수 있음을 찾아볼 수 있었다. 이데올로기화의 병리에 빠지지 않으면서 유토피아적 가능성의 방향을 제시하기 위해 벤야민(W. Benjamin)과 아도르노(T. Adorno)가 말하는 부정의 변주법의 "상호 규제적 이념의 원리"가 적용되었다. 이러한 구도를 통해서 아렌트(H. Arendt)가 말하는 공적 삶과 사적 삶, 최근의 정치철학의 쟁점이 된 공동체주의와 자유주의 그리고 유토피아주의와 반유토피아주의의 관계를 재조명해 볼 수 있었다. 이 작업은 유토피아가 가진 특성으로서의 양면성을 모호한 상태로 남겨두는 것으로 그치지 않고, 이 양면성을 적극적으로 마주보게 하여 긴장을 유지하게 함으로써 새로운 유토피아의 지평을 열어보고자 했

138

다는 데 그 뜻이 있다. 이 긴장은 우리가 이 땅에 살기 때문이며 동시에 하나님의 나라를 꿈꾸기 때문에 존재하는 것이다. 따라서 기독교 공동체는 이러한 반립적 긴장을 통하여 지속되고 개혁되면 재창조된다. 이것이 기독교 유토피아의 가능성이 아닌가 생각한다.

꿈을 꾸고 그 꿈을 살고 싶어 하는 사람이 있는 한 유토피아는 지속될 것이다. 반유토피아적 선언에도 불구하고 지난 세기보다 더 많고 다양한 유토피아적 실험이 전개되고 있다. 유토피아란 말 앞에 붙여지는 여러 접두어들은 이를 말해준다. 기술 유토피아 (technopia), 환경 유토피아(ecotopia), 부르주아 유토피아(bourgeois utopias)[2]뿐 아니라 대안 의지를 더 강하게 드러내는 유토피스틱스 (utopistics)[3]라는 또 다른 말도 생겨났다. 앞으로 컴퓨터 가상공 간(cyber space)은 더욱 화려한 유토피아적 꿈으로 채색될 것이다. 유토피아적 환상과 이에 따른 필연적 환멸이라는 순환의 고리를

---

2) Robert Fishman, *Bourgeois Utopias*,(Basic Books, 1987)에서 저자는 과거의 혁명적이고 정치적인 유토피아만 유토피아가 아니라, 엄연한 기정사실로 받아들여야 할 이 자본주의 체제 안에서도 얼마든지 유 토피아적 추구는 가능하다고 말한다. 그는 이를 교외(suburbia)라는 개념에서 찾고자 하였는데 이는 중산층이 "자연의 아름다움과 문명 의 이기"를 동시에 누리고 싶어 하는 자연스런 욕구를 말한다. 이런 교외화는 해방과 자유, 밀려남과 탈출의 양면적 의미를 내포한다.

3) Immanuel Wallerstein, *Utopistics*, 백영경 역, 「유토피스틱스」, (창작 과 비평사, 1999)에서 저자는 utopia에 지식활동을 나타내는 영어의 어미 "-istics"를 결합시켰다. 이는 보다 실제적으로 가능한 대안을 찾기 위한 활동을 뜻한다. 1998년에 처음 쓰인 이 책에서 지은이는 혁명적 유토피아가 아닌 보다 온건한 유토피아의식을 통해 더욱 합 리적 방법으로 보다 나은 세상을 이룩할 수 있다고 말한다.

벗어나게 해 줄 새로운 유토피아적 패러다임(paradigm)에 대한 시도는 계속될 전망이다.

유토피아의 역사가 종교에서 시작되어 정치적 단계로 그리고 점차 기술 과학과 문화의 영역으로 확산되어감에 따라, 과거에는 상상조차 할 수 없었던 새로운 유토피아의 땅이 우리 눈앞에 펼쳐지고 있다. 미지의 땅 신비의 세계로 남아 있던 영역이 어느덧 우리 주위를 싸고도는 환경으로 자리잡게 되었다. 이렇게 새롭게 다가오는 영역을 어떻게 대할 것이며, 어떤 자세로 임할 것이며, 무엇으로 채울 것인가 하는 것이 새로운 유토피아적 과제이다. 그러나 어떤 새로운 형태의 유토피아라 하더라도 과거의 유토피아주의의 잘못을 범하지 않으리라는 보장은 없다. 이 글이 시도한 유토피아와 반유토피아의 반립적 관계 구도가 과거의 실패를 반복하지 않도록 하는 데 조금이나마 기여할 수 있었으면 한다. 여기에 유토피아적 종교로서의 기독교 역할이 있다고 본다. 기독교 유토피아의 가능성을 묻고 이를 답하는 일은 계속될 것이다. 이것은 다름 아닌 성서의 가르침이며, 지금까지 기독교가 말해 온 이야기이며, 앞으로 기독교가 계속해서 말해야 할 "새 하늘과 새 땅" 이야기이기 때문이다.

"내가 지을 새 하늘과 새 땅이 내 앞에 늘 있듯이, 너희 자손과 너희 이름이 늘 있을 것이다."(이사야 66:22)

"나는 새 하늘과 새 땅을 보았습니다. 이전의 하늘과 이전의 땅이 사라지고 바다도 없어졌습니다." (계시록 21:1)

참고문헌

Attali Jacque, 합리적인 미치광이. 이세욱 옮김, 서울: 중앙 M & B, 2001.

Adorno, Theodor. Negative Dialectics. trans. Ashton, Continum, 1973. 부정의 변증법. 홍승용 옮김, 서울: 한길사, 1999.

Arendt, Hannah. The human condition, 인간의 조건. 이진우 옮김, 서울: 한길사, 1996.

Aron, Reymon. L'opium des Intellectuels. Paris: cerf, 1955.

Augustinus, 하나님의 도성, 조오현, 김종흡 옮김, 서울: 크리스챤 다이제스트사, 1998.

Battenhouse, R. W. St. Augustine of Hippo, 아우구스티누스. 현재규 옮김, 크리스챤 다이제스트, 1994.

Bell, Daniel. The end of ideology. New York: The Free Press, 1965. 이데올로기의 종언. 임헌영 옮김, 서울: 문예출판사, 1977.

Bellamy, Richard. Liberalism and Modern Society: An Historical Argument. Polity Press. 1992.

Bergson, Henri. Les deux sources de la morale et de la religion. Paris: PUF, 1984. 도덕과 종교의 두 원천. 강영계 옮김, 서울: 탐구당, 1985.

Bloch, Ernst. Das Prinzip Hoffnung, trns. Stephen Plaice & Paul Knight, The Principle of Hope. Vol. I, II, III. Messachusetts: The MIT Press, 1986.
희망의 원리 1. 박설호 옮김, 서울: 솔, 1995.
희망의 원리 4. 박설호 옮김, 서울: 솔, 1993.

Bloz, Norbert. Watter Benjamin. 발터 벤야민: 예술, 종교, 역사철학. 김득룡 옮김, 서울: 서광사, 2000.

Bright, J. The Kingdom of God. 하나님의 나라. 김철손 옮김, 컨콜디아사, 1978.

Buber, Martin. Paths in Utopia. Boston: Beacon Press. 1958. 유토피아 사회주의. 남정길 옮김, 서울: 현대사상사, 1993.

Buck-Morss, S. The Origin of Negative Dialectics. New York: The Free Press. 1977.

Cohn, Norman. The Pursuit of the Millennium. Oxford Univ. Press, 1977.

Cornford, F. M. The Republic of Plato. Oxford Univ. Press, 1941.

Dana, R. Villa. Arendt and Heidegger. 아렌트와 하이데거. 서유경 옮김, 서울: 교보문고, 2000.

Davis, J. C. Utopia and the ideal society. Cambridge Press, 1981.

Dyer, Richard. Entertainment and Utopia. London: Routledge. 1993.

Ellul, Jacques. La Subversion du Christianisme, 뒤틀려진 기독교. 박건택 옮김, 서울: 대장간, 1990.

Ellul, Jacques. La technique ou l'enjeu du siecle. Paris: Armand Colin. 1954.

Fishman, Robert. Bourgeois Utopias. 부르주아 유토피아, 박영한. 구동회 옮김, 서울: 한울, 1987.

Fogarty, Robert S. Dictionary of American Communal and Utopian History. Greenwood Press. 1980.

Fukuyama, Francis. The end of history and The last man. Penguin Books, 1992.

Hegel: Selections. ed. by J. Lowenberg, 1929.

Jacoby, Russel. The End of Utopia, 유토피아의 종말. 강주헌 옮김, 서

울: 모색, 2000.

Kateb, George. Utopia and Its Enemies. New york: Schocken Books. 1972.

Knowles, David(ed.) Augustine, City of God. Penguin Books, 1972.

Kumar, Krishan. Utopia and anti-utopia in modern times. Oxford: Black well, 1991.

Kumar, Krishan. Religion and Utopia. Canterbury, Centre for the Study of Religion and Society. 1985.

Loewith, Karl. Meaning in History. 역사의 의미. 이석우 옮김, 서울: 탐구당, 1990.

Lohfink, Gerhard. Wie hat Jesys Gemeinde gewollt? 예수는 어떤 공동체를 원했나? 정한교 옮김, 서울: 분도출판사, 1985.

Mannheim, Karl. Ideology and Utopia. London: Routledge & Kegan Paul LTD, 1936.
이데올로기와 유토피아. 임석진 옮김, 서울: 지학사, 1987.

Manuel, Frank E. and Manuel, Fritzie, P. French Utopias: An Anthology of Ideal Societies. New York: Schocken Books. 1971.

Manuel, Frank E.(ed.) Utopias and Utopian Thought. Cambridge; Riverside Press, 1966.

Manuel, Frank E. and Manuel, Fritzie, P. Utopian thought in the western world. Harvard Press, 1979.

Marcuse, H. Five Lectures. Boston: Beacon Press, 1970.

MacIntyre, Alasdair. After Virtue, 이진우 역, 덕의 상실. 문예출판사, 1997.

MacIntyre, Alasdair. Whose Justice? Which Rationality? Notre Dam: University of Notre Dam Press. 1984.

Mackeon, R. De Libero Arbitrio. New York: Scriber, 1929.

Moltmann, Jurgen. Der Weg Jesu Christi, 김균진 역, 예수 그리스도의 길. 기독교서회, 1990.

More, Tomas. The Complete Works of St. Tomas More, Vol.Ⅳ: Utopia, ed. by E. Surtz and J. H. Hexter. New Heaven: Yale University Press, 1965.

More, T. Utopia, 황문수 역. 범우사, 1972.

Nozick, Robert. Anarchy, State, and Utopia. New York basic Books, 1974.
    아나키에서 유토피아로. 남경희 옮김, 서울: 문학과 지성사, 1994.

Popper, K. The Open Society Its Enemies Vol.Ⅰ, Ⅱ. London: Routledge 1945.

Popper, K. The Poverty of Historicism. New York Evanston: Harper & Row, 1964.
    역사주의의 빈곤, 이석윤 옮김, 서울: 벽호, 1993.

Pusey, E. Augustinus, Confessions. London: J. Dent & Sons LTD, 1907.

Rawls, John. A Theory of Justice. Harvard Univ, Press, 1971. 사회정의론. 황경식 옮김, 서울: 서광사, 1977.

Rawls, John. Political Liberalism. Columbia University Press. 1993.

Ricoeur, Paul. Lectures on Ideology and Utopia. ed. by George H. Taylor. New york: Columbia University Press. 1986.

Sandel, Michael. Liberalism and the Limits of Justice. Cambridge University Press. 1982.

Sandel, Michael. Liberalism and Its Critics. Oxford: Basil Blackwell. 1984.

Sorel, George. The Illusion of Pregress. Berkeley: University of

California Press. 1979.

Teselle, Sallie.(ed.). The Family, Communes, and Utopian Society. New York: Harper Torchbooks. 1972.

The Communist Manifesto Toennies, Ferdinand. Community and Society. tr. c. p. Loomis. New York: Harper and Row, 1957.

Trocme, Andre. 예수와 비폭력 혁명. 양명수 역. 서울: 한국신학연구소, 1986.

Vahanian, G. Dieu et L'utopie. 하나님과 유토피아. 서울: 성광문화사, 1991.

Veysey, Laurence. The Communal Experience: Anarchist and Mystical communities in Twentieth Century America. Chicago: University of Chicago Press. 1978.

Villa, Dana. Arendt and Heidegger. Princeton Univ. 1996.

Wallerstein, Immanuel. Utopistics. 백영경 옮김, 서울: 창작과 비평사, 1998.

Webber, Everett. Escape to Utopia: The Communal Movement in America. New York: Hastings House. 1959.

Zipes, Jack. The utopian function of art and literature. MIT, 1996.

이마무라 히토시(今村仁司), 근대성의 구조. 이수정 옮김, 서울: 민음사, 1999.

김균진 편역, 유토피아니즘과 기독교. 서울: 종로서적, 1985.

김득룡, "현대사회의 병리, 기술 관료적 이데올로기의 분석", 한남대학교 동서문화연구소, 1990.

＿, "빛과 소리", 동서철학 연구. 제21호, 대전: 한국동서철학회, 2001.

김영한, "르네상스의 유토피아 사상에 관한 연구", 서강대 대학원 박사논문, 1983..

문성원, "닫힌 유토피아, 열린 유토피아", 철학연구 제47집, 서울: 철학
　　　연구회, 1999.
박호강, 유토피아 사상과 사회변동, 대구: 대구대학 출판부, 1998.
반성완 편역, 발터 벤야민의 문예이론. 서울: 민음사, 1983.
백승룡, 변증법적 비판이론. 서울: 경문사, 1982.
선한용, 시간과 영원. 서울: 성광 문화사, 1986.
송호근, 이데올로기의 미래. 서울: 사회 과학원, 1990.
신중섭, 포퍼와 현대의 과학철학. 서울: 서광사, 1992.
이규호, 이데올로기의 정체. 서울: 태양문화사, 1978.
이근식, 황경식 편, 자유주의란 무엇인가. 서울: 삼성경제연구소, 2001.
이인숙, "공동체주의에 대한 연구", 고려대 대학원 박사논문, 1994.
임철규, 왜 유토피아인가. 서울: 민음사, 1994.

· **지은이** ·

정광일 · **약 력** ·

연세대 철학과
장로회신대 신학원
장로회신대 대학원
스트라스부르대 신학부
한남대 철학과 (Ph.D)

현 가락재 영성원 원장

· **주요논저** ·

『현대인과 신앙』(공저)
『영성과 공동체』
외 다수

기독교 유토피아의 가능성
유토피아와 반유토피아를 중심으로

· 초 판 인 쇄	2007년 1월 10일
· 초 판 발 행	2007년 1월 10일
· 지 은 이	정광일
· 펴 낸 이	채종준
· 펴 낸 곳	한국학술정보㈜
	경기도 파주시 교하읍 문발리 526-2
	파주출판문화정보산업단지
	전화 031) 908-3181(대표) · 팩스 031) 908-3189
	홈페이지 http://www.kstudy.com
	e-mail(출판사업부) publish@kstudy.com
· 등 록	제일산-115호(2000. 6. 19)
· 가 격	10,000원

ISBN 978-89-534-6218-2 93230 (Paper Book)
      978-89-534-6219-9 98230 (e-Book)